인 생 의
팔부능선 위에서
내 려 다 본
한국교회

인 생 의
팔부능선 위에서
내 려 다 본
한국교회

이병삼 목사 팔순 회고록 겸 개혁신앙교서

이병삼 지음

다니엘학회

도서출판 영문

추천서

개혁주의 신앙의 진수

신재철 목사
(초원교회 담임, 철학박사, 부산외대 외래교수, 한국교회 송사연구소장)

이미 많은 저서를 출판한 이병삼 목사님께서 또 한 권의 책을 출판하신 것을 함께 기뻐하며 축하드린다.

이병삼 목사님을 생각하면 하나님의 나라 확장에 멋지게 사용을 받은 바울사도를 떠올리게 된다. 이 목사님은 예수님의 제자요 바울사도의 후예로 사셨다. 목회자요, 전도자이시면서 동시에 신학자로 사신 것이다. 그리하여 이 시대가 요청하는 개혁주의 신앙파수에 자신의 모든 것을 드려 헌신하신 분이다.

이 목사님은 이런 사명 감당을 위해 철저하게 준비가 되셨던 분이다. "에스라가 여호와의 율법을 연구하여 준행하며 율례와 규례를 이스라엘에게 가르치기로 결심하였었더라" 고 했다(스7:10). 이 말씀은 이병삼 목사님에게도 그대로 적용이 되었다. 이 목사님은 늘 말씀을 연구하는 분이셨다. 목회와 강의시간 외에는 자신의 연구실을 지키시며 기도하시면서 성경연구에 모든 열정을 바치셨다. 그리고 이 말씀을 다른 사람이 아닌 자신에게 먼저 적용하여 자신의 삶에서 드러내신 분이다. 이와 같은 목사님의 신행일치의 삶은 하나님의 인도와 축복을 풍성하게 체험하기에 부족함이 없었다. 이 목사님은 자신이 체험한 확신에 찬 말씀을 전하고 가르치심에 자신의 모든 것을 바치신 분이다.

이 목사님은 1977년 인천에서 신일교회를 개척하시어 2010년에 은퇴하시고 원로목사로 존경을 받고 있다. 한 교회에서 33년을 사역하시면서 성도들을 섬긴 귀한 족적을 남기신 것이다. 이 기간 중에 여러 신학교에서 강의도 하시면서 후학들을 양성하셨다. 동시에 성경난해구절 해설 시리즈 12권을 출판하셨다. 또한 신학교재와 목회자들의 대화록, 계절 설교집과 회고록 등 다양한 영역에서의 저술사역도 감당하셨다. 그리고 교회개혁을 소망하면서 2002년에 '한국교회는 개혁되어야 다시 산다'는 책을 출간하시며 교회를 진정으로 사랑하는 목회자의 마음을 그대로 담아주셨다. 이번의 저술은 이 연장선상에서의 옥고이다. 책의 제목처럼 인생의 팔부능선에서 한국교회를 바라보고 하나님께로 돌아가 하나님의 섭리의 손길로 인도를 받자는 소망을 담은 책이다.

이 책의 서두에 소개된 설교 한 편은 믿음의 정수를 그대로 깨닫게 한다. 이어 전개되는 6편의 성경연구는 성도들은 물론 목회자들까지도 궁금해 하는 것들을 명료하게 풀어주셨다. 다른 주제들도 이미 출간했던 책들에서 풀어주셨기에 이 목사님은 은퇴를 하셔서도 후학들을 가르치시며 주님의 나라에 크게 사용을 받고 계신 것이다. 실제로 은퇴하신 후 최근까지도 스스로 자신의 문제를 해결할 수 없는 성도들로 구성된 양로원 교회에서 설교목사로 봉사를 하셨다. 이 책은 성경연구 편에 이어 '현대교회의 세습은 성경적인가' 등 5편의 기록을 통해 교회개혁의 열정을 담았다. 교회개혁 500주년을 맞이한 한국교회에서 가장 시급하고 중요한 개혁이 무엇인가를 일깨워주고 있다. 이때 이 목사님은 하나님의 교회만을 생각하는 담대함을 가지고 기술했다. 사람의 눈치를 뒤로 하신 것이다. 기타의 글 6편도 다른 책들에서는 쉽게 대하지 못하는 것들을 게재하여 독자들에게 커다란 유익을 주고 있다.

그동안 출판된 이 목사님의 저술들을 대하면서 나의 목회와 대학 등 강의현장에서 가르치는 일에 많은 유익을 받은 나였다. 이 목사님의 개혁신앙에 입각한 삶은 여러 선배 중 한 목사가 아니라 본받아야 할 귀한 모델 목사로 내 마음에 자리매김하였던 것이다. 그의 저술은 이와 같은 그의 뒷받침 된 생활이 더욱 빛나게 했던 것이다.

이런 목사님께서 팔순을 앞두고 귀한 책을 출간해 주시니 감사가 넘칠 뿐이다. 더욱이 세상에 나와 빛을 보기도 전에 무명하고 연약한 자에게 먼저 읽게 하시고 추천의 글까지 청하시니 부담도 되지만 그보다 감사한 마음이 앞서게 된다.

이 책은 이병삼 목사님의 '80년의 삶이 찍은 굵은 점 하나'라고 정의할 수 있다. 성령의 사람 이병삼 목사님이 귀한 옥고를 모아 '인생의 팔부능선에서 내려다 본 한국교회'라는 책을 출판하시는 것이다.

그는 성령의 사람이요, 성령님의 인도하심을 받는 말씀의 사람이다. 그는 성경을 자신의 주관적인 철학이나 사상으로 객관화 하여 설명하려고 하지 않는다. 그는 증인의 사명에 투철하고 확고하다. 그는 자신을 철저히 내려놓는다. 자신을 비우고 성령님의 인도하심으로 진리에 이르는 자리에 이른다. 그리하여 인간의 어떤 설명으로도 따를 수 없는 높은 진리에, 인간의 설명이 미칠 수 없는 더 먼 진리에, 인간의 어떤 사상도 품을 수 없는 더 넓은 진리에 이르기를 힘써 왔다. 그는 성경을 증거 해 왔다. 그는 성경에 대하여 자신의 의견으로 설명하려고 하지 않았다. 그는 자신의 의견을 버리고 오직 성경만을 말하고 증거하려고 하였다. 성령의 인도하심과 조명하심으로 그가 전하는 말씀에는 힘이 있고 깊이가 있다. 게다가 삶이 수반되었다. 이런 목사님의 팔순은 축하를 드리기 전에 나로서는 아쉬움이 남은 대목이다. 하나님께서 이런 안타까움을 헤아리시고 이번에 귀한 저서를 한 권 더 내 가슴에 안겨주시니 감사위에 감사가 넘친다. 아울러 나 혼자 받기에는 아깝고 벅찬 선물임을 알아 한국교회와 성도들에게 일독을 권하는 바이다. 금번에 출판되는 옥고는 이를 대하는 많은 이들로 보다 더 높이 진리에 이르게 하고 교회개혁의 선두주자가 되게 하는 촉매가 되리라고 확신한다.

2017년 5월 27일 초원목장에서

추천서

생수의 근원, 말씀의 보고

민병문 장로
(전 (사)한국기독교출판협회 회장, 서울영천교회 시무)

목회자의 덕목 가운데는 여러 가지가 있을 수 있습니다.

그중에 가장 귀한 덕목은 인자함과 부지런함이 아닐까 생각합니다. 그런 의미에서 이병삼 목사님은 훌륭한 목회자임과 동시에 성경을 쉽고 이해하기 편리하게 여러 저술을 통해 독자들에게 다가가신 성경학자임이 틀림없습니다. 열심히 성경을 연구하시고 가르치신 사역에 남다른 성품을 지니셨음을 지난 20여 년 간의 교류를 통해서 늘 존경의 대상으로 마음속에 자리 잡고 있던 차에 이번에 또다시 귀한 저술을 펴내셨음을 기쁘게 생각합니다.

목사님은 바쁘신 목회활동 중에도 성경난해구절 해설 시리즈 12권과 신학 교재와 목회자들의 대화록, 계절 설교집 등 여러 권의 저술을 통하여 평소 성경을 더 깊게 이해하고자 하는 독자들에게 시원한 생수 같은 지식의 갈증을 해결해 주셨습니다.

본서에서도 한국교회가 하나님의 진리 파수와 영적인 갈급함을 어떻게 목회 현장에서 적용할 것인가의 주제를 시의적절한 17가지 주제를 가지고 접근하셨음은 오랜 목회생활에서 터득하신 지혜와 후학들을 양성하고 계시는 교수사역에서 꼭 전수하고 싶으신 주제들을 다루었다는 점에서 본서의 특장(特長)이라고 말할 수 있을 것입니다.

또한 본서에서 특기할만한 내용은 한국교회에서 시급한 주제들을 종교개혁자 루터의 입을 통해 한국교회를 향한 95개조 항의문이라는 내용은 우리의 신앙생활의 현주소를 점검해 보는 귀한 글이라 사료됩니다. 마지막 주제로 토론의 장을 통해서는 많은 대형교회들이 안고 있는 목회자의 세습 문제를 여과 없이 조명하시고 교계 여러분의 의견들을 수렴함으로써 보다 폭 넓은 토론의 장을 제공하셨다는 점입니다.

송나라 분인 구양수는 책 읽기의 중요함을 삼상지학(三上之學)이라고 했습니다. 마상(馬上, 말을 타고 갈 때), 침상(枕上, 잠자리에 있을 때), 측상(厠上, 화장실에 있을 때)의 마음으로 책을 읽었다는 것입니다. 즉, 말을 타고 이동하거나 잠자리에 들기 전, 아니면 화장실에 앉아 있을 때도 책읽기에 몰두했다는 구양수의 지혜는 오늘날 바쁜 시간을 보내고 있는 우리 모두에게 훌륭한 귀감이 될 것 같습니다.

독자들이 책을 멀리하고 지식의 편린(片鱗)들이 우리의 사고를 진리에서 멀리 내보려 한 시류 속에서 끊임없이 성경의 보고에 머리를 깊이 담그시는 목사님의 노고를 곁에서 조금이나마 수종 들고 있는 천학 비재한 종이 귀한 저술에 감히 몇 자의 축하의 글로 누가 될지 염려하는 마음을 담아서 축하의 글과 동시에 독자들에게 권하는 마음을 전합니다.

인사의 말씀

인생 살다보니 벌써 팔부능선에 올라섰습니다. 그 위에서 아래를 내려다보니 제 눈에는 예배당 건물들만 보입니다. 자랑스럽기도 하고 사랑스럽기도 하고 대견스럽기도 한 것은 잠깐이고, 어찌 불쌍하고 초라하고 바로 된 교회가 보이지 않음에 실망했습니다.

좁은 남한 땅에 사드를 배치하고 일본 한국에 전술핵 재배치 계획으로 말미암아 전쟁 앞마당이 되어버렸습니다. 이것도 우리가 좋든 싫든 받아드려야 할 운명이요 숙명입니다. 아무리 핵전쟁속에서 다 망해도, 저 보이는 교회는 살려야 하겠다는 것이 이 종의 사명으로 부각되었습니다.

이 교회와 성도 이 나라가 살기 위해서는 전능하신 하나님의 손길을 끌어들이는 길 뿐이 없습니다. 하나님의 손길을 이끄는 방법은 하나님의 뜻에 모두 굴복하는 것이요 특히 개혁주의자들이 늘 소망하였던 "Back to the Bible" 성경으로 돌아가자는 단순하고도 쉬운 길이 있음을 알려드립니다.

풍전 등화앞에서 무엇 바라고 치장하겠습니까? 이제 다시 성경으로 돌아갑시다. 500년전 마틴 루터, 요한 칼빈이 바로 이 눈이 뜨여져서 중세시대를 살려냈습니다. 내 몸에는 피가 흐르는 것이 아니라 '개혁주의'가 흐르고 있습니다. 머리로부터 온 몸이 뜨겁습니다.

원치않는 심혈관 질환을 앓고 있어 동맥경화로 혈관에 8개의 스텐트를 박고 있어 언제 또 막힐는지 모르는 심장마비가 바로 눈앞에 와 있습니다. 작년 9월엔 골수암 판정을 받고 약 8개월간 기도로 거의 낫게 해주신 하나님의 뜻이 책을 더 쓰라는 뜻으로 알고 두 병마의 고통이 나를 나되게 만들어주셨습니다.

그래도 내 몸도 개혁, 내 뼈도 개혁, 내 피도, 내 생각도, 성경으로 된 개혁된 교회가 구상됩니다. 그래야 하나님이 우릴 돌보실 것입니다. 현 한국 교회를 보시고는 도와주실 것 같지가 않습니다. 사랑하는 성도들, 동역자들이여 늦지 않았습니다. 이제 다시 시작합시다. 지금 바로……

종교개혁 500주년이라는 대명제 아래 여러 가지 행사와 구호도 많이 난무합니다. 그러나 지나고 보면 열매는 없고 소리만 요란했던 것 같습니다. 가장 실질적 최첩경길인 성경으로, 개혁길로 지금부터 하나하나 고쳐서 하나님앞에 바쳐 드려봅시다.

이 책의 내용들은 다니엘학회에서 강의한 내용들로 특별강의로 세미나의 원고들입니다. 학회에서 더 훌륭하고 위대한 강사들의 원고를 실지 못했음을 대단히 죄송하고 미안할 따름입니다. 비록 은퇴후의 작품들이지만 열정은 넘칩니다.

여기 내용물들은 거의가 개혁주의 신앙에 대한 내용들입니다. 제목과 내용은 평범하게 보일지 모르지만 오직 개혁모드에 키포인트로 꽂힌 것들입니다. 어려워서 실행치 못할 것은 하나도 없습니다. 개혁의 의지만 가지면 그 누구든 온 성도, 온 교회가 다 실행할 수 있는 것들입니다.

여기 내용물을 읽고 조금이라도 수긍된다면 개혁주의 신앙 배에 올라타신 것입니다. 그러나 전연 아니라고 생각되는 자는 이미 개혁주의자 되길 포기한 자들입니다. 시급합니다. 화급합니다. 빨리 읽으시고 작은 것부터 하나하나 이대로 시행해서 하나님의 도움의 손길을 이끌어 내시길 바랍니다.

이제 공은 여러분들께 넘어 갔습니다. 주님과 함께 개혁주의 건설과 새통일한국의 주역이 되어 주십시오. 그 길은 오직 이 길뿐입니다. 하나님께서 원하시니 절대 차질이 없습니다. 함께 동참하시는 모든 분들이 이 나라의 애국자요 하나님의 귀한 보배같은 일꾼임을 천명하노라.

2017. 6. 1.

이병삼 목사 드립니다.

Contents

추천서/ 신재철 목사 5

추천서/ 민병문 장로 9

인사말씀/ 이병삼 목사 11

설교 "믿음의 정수" (민 13:15-33) 19

성경 연구

1. 왜 "독사의 자식들아" 라고 하셨을까? 37
2. 예언과 방언에 대한 견해 57
3. 병자를 위한 안수기도는 성경적인가? 69
4. 세례요한에 대한 연구 82
5. 예수님의 족보에 대한 연구 91
6. 모세사후의 기록은 누가 기록하였을까? 96

교회 개혁

1. 현대교회세습은 성경적인가? 107
2. 설교 표절에 대한 소고(小考) 125
3. 나의 찬송가 학(學) 138
4. 성탄계절만 되면 아리송한 문제들 154
5. 성도는 설날과 추석 명절을 어떻게 보내야 하는가? 167

기타

1. 한국 교회의 개혁 : 루터의 한국교회를 향한 95개조 항의문 177
2. 독 후 감 : "미안합니다. 고맙습니다"(김경래 장로 회고록)
① 이병삼 목사 192
② 김현우 목사 194
③ 유동완 목사 196
④ 박 홍 목사 199
⑤ 박성곤 목사 207
⑥ 이동암 목사 207
3. 토론의 장 : [1] 은퇴목사 본교회 출석 (찬반론) 212
[2] 사순절 지킴이 옳은 것인가 (찬반론) 221
① 이병삼 목사 221
② 임종수 목사 226
③ 엄칠문 목사 237
4. 성경연구 : 한국 교회를 향한 퀴즈 문제집 240
5. 성경공식 247
6. 감탄하며 날아 다니는 정 집사, 잠자리여! 영원하리라 253
7. 에필로그 256
8. 그간 출간된 책 소개 258

1
PART

믿음의 정수

(민 13:15-33)

믿음의 정수(精髓)

(민 13:15-33)

민 13:1-3을 읽읍시다. 가나안 땅을 최초로 정탐하기 원했던 분은 누구일까요? ① 하나님 ②모세 ③ 정탐꾼 ④ 이스라엘 백성들. 이 중 몇 번이 맞을까요? 민 13:1-3을 읽으면 답이 ①번입니다. 그러나 신 1:22을 읽고 나면 답이 ④번인 이스라엘 백성들로 답이 바뀝니다. 그럼 어느 성경이 맞고, 어느 성경이 틀린 것일까요?

사실인즉 이스라엘 백성들이 먼저 우리가 들어갈 가나안 당을 자세히 알아보기 위하여 정탐군을 보내달라는 강력한 요구에 모세도 좋게 여기고, 하나님께 간절히 기도하게 됩니다. 모세의 간절한 기도를 하나님을 들으시고, 하나님이 허락하셨습니다.

민 13장은 하나님이 허락하시고 모세에게 지시하실 때를 기록하셨고, 신 1:22은 이스라엘 백성들이 요구하실 때를 기록한 것이니 두 성경은 모두 다 맞는 것이요, 최초 요청자는 이스라엘 백성들인 것입니다.

이스라엘 백성들은 참 어리석은 것 같다. 하나님이 시키시는 데로만 하면 되는네 왜 그리 가나안 땅이 궁금해서 정탐해 보고 싶었을가? 결론은 믿음 없는 탓이라고 보아야 합니다. 이 실수로 말미암아 눈 앞에 보이는 가나안 땅을 뒤로하고 40년간이나 광야에서 헤메고 다녀야 하고 또한 20세 이상 장정 60만명이 이 광야에서 다 쓰러져 죽는 혹독한 대가를 치루게 된다.

믿음의 세계는 아무리 궁금해도 좀이 쑤시고, 안달이 나도 그냥 꾹 참고 그대로 믿고 나가야 한다. 자꾸 의심하다 보면 원망이 나오고, 불평이 나오고, 그러다 보면 죄를 짓게 되고 죄의 대가로 반드시 하나님의 징계가 온다. 그러므로 처음 의심부터 차단해야 한다.

그럼 왜 하나님은 그 정탐을 허락하셨을까요?

그때, '야! 이 사람들아 내가 시키는 데로만 하고 의심하지 말라' 고 하시던지, '구름기둥, 불기둥이 인도하는 데로만 따라가라 그리고 이 명령 안 지키는 자는 모두 죽을 것이다' 하셨더라면 의심도 원망도 죄도 없으므로 하나님의 징계도 없었을텐데 왜 하나님은 허락해 줌으로 죄까지 짓게 되고 이런 큰 징계까지 받게 되었을까?

하나님은 언제나 말씀 주시고, 자유의지를 주어 그 말씀 지킬 수도 있고, 안 지킬 수도 있는 자유 의지를 주셨다. 그래서 지키는 자에겐 복을 주시고, 안 지키는 자에게는 징계와 재앙을 내린다. 그래서 인간 생각으로 믿어지지 않아도 또 지킬 수 없는 문제일지라도 하나님의 뜻이니 무조건 끝까지 믿고 순종해 나가는 자는 하나님이 만능으로 도와 주시는 인격의 하나님이십니다.

그래서 오늘은 '믿음의 정수'라는 제목으로 믿음의 세계에선 '말'은 어떻게 해야 하고 '기도와 소원'은 어떻게 가져야 하며, '순종과 회개'는 어떻게 하는 것이 믿음의 근본인지 본문을 통해 은혜 받고자 하오니 성령으로 하나님의 은혜 받으시길 부탁드립니다.

첫째로, 말은 함부로 해서는 안됩니다.(25-28절)

40일간 가나안 땅을 정탐하고 돌아온 정탐군들의 보고 내용을 우리 모두 읽었습니다. 그 땅 실과를 보이기 위하여 포도송이 한 송이가 얼마나 무거운지 장대에 꿰어 두 분이 떼메고 왔다고 했다. (아마 포도 한 알이 사과 만 한 것 같았습니다.) 그리고 석류와 무화과 까지 많은 열매의 풍성함을 실물 교재로 보여주었습니다.

보낸 땅에 가즉 과연 젖과 꿀이 흐르고 너무 비옥하고 살기 좋은 땅이라고 12명이 한결같이 보고 했습니다. 그래서 젖은 소, 양, 염소 기르기에 너무 좋아 목축하기에 풍성한 땅임을 말하고 꿀이 많음은 양봉과 농사짓기 좋은 비옥한 땅임을 말하고 있습니다.

여기까지만 말하고 나머지는 말하지 말았어야 하는데 그만 28절에 '그러나' 하고 시작한 것이 큰 화근이 된 것이다. 즉 그 땅을 악평하기 시작합니다. 28절에 그 땅 거민은 너무 강하고 성읍은 견고하고 크고, 거기에 아낙 자손 즉 장대한 자손이라. 우리가 싸워도 능히 이길 수 없다고 보고합니다. 더 나아가 32절엔 그 땅에 대한 이상한 보고를 덧붙인다.

"그 거주민을 삼키는 땅" 젖과 꿀이 흐르는 땅이 어찌 거민을 삼키는 땅이란 말입니까? 이 말씀의 뜻은 그 땅이 너무 비옥하여 그 땅을 차지하려는 아웃 강대한 족속이 늘 엿보고 있다가 늘 전쟁을 걸어옴으로 그 땅은 싸움이 그칠 날이 없음으로 싸움 전쟁으로 인해 많은 백성이 희생될 것이니 "거주민을 삼키는 땅"이라고 악평을 쏟아 놓은 것이다.

이 10명의 정탐군들의 보고하는 말들은 하나도 틀린 말을 하거나 거짓으로 지어낸 말을 하거나 너무 과장된 표현이 아닌 사실에 입각했고 두 눈으로 보고 온 그대로만 말하였으며 이치와 순리에도 하나도 어긋난 것이 없이 적법했고 옳은 말만 한 것이다.

그런데 하나님은 왜 그들을 책망하고 징계하셨을까? 말은 적법하고 옳은 말만 했으나 곧 하나님의 마음을 읽지 못한 것이다. 하나님의 마음에 어긋난 말은 아무리 적법하고 옳고 사실에 입각했어도 두 눈으로 확인 한 사안이라고 해도 그 말은 곧 죄요 잘못된 것이니 하나님의 책망과 징계를 받게 되는 것입니다.

마 12:36 "내가 너희에게 이르노니 사람이 무슨 무익한 말을 하든지 심판 날에 이에 대하여 심문을 받으리니 네 말로 의롭다 함을 받고 네 말로 정죄함을 받으리라"

무심코 한 말, 아무 뜻 없이 한 말일지라도 반드시 심판도 받고 의롭다 하든지 정죄함 받든지 한다고 하니, 말 한 마디가 얼마나 무섭고 소중한지 알아야 한다.

그래서 말은 어떤 말을 하든지 이 말이 성경에 맞는 말인가 또 하나님의 뜻인가 또 하나님의 마음에 기뻐하실까? 하나님이 기뻐하지 않으실까? 하나님의 마음까지 다 읽어야 한다. 이것을 파악하지 못하고, 이치에 맞고 법에 맞다고 말을 함부로 하는 것은 신앙이 아니다.

말은 많이 하지 말아야 한다. 말이 많으면 실수도 그만큼 많기 때문입니다. 특히 남의 마음 상하게 하는 말은 하나님의 마음도 상하게 하는 말이 되기 쉽습니다. 아무리 옳은 말일지라도 사람의 마음, 하나님의 마음 상하실 말은 절대로 해서는 안됩니다. 성경은 "악은 모양이라도 버리라"고 하셨습니다.

민 14:28엔 "너희 말이 내 귀에 들린대로 내가 너희에게 행하리니" 말이 얼마나 무섭습니까? 그러니 말 한마디를 어찌 함부로 할 수 있겠습니까? 아주 조심하고 말은 많이 하지 말고, 오직 성경에 맞는 말, 하나님의 뜻과 하나님의 마음에 맞는 말만 골라서 하는 것이 믿음의 정수입니다.

둘째로 기도와 소원은 오직 성경대로만 하세요(1~3절)

아무리 전 이스라엘 백성이 요구하는 소원일찌라도 또 모세가 금식기도하다 죽을찌라도 하나님의 뜻, 하나님의 마음이 아니었다면 허락하시지 말일인데 그냥 허락하셨기에 어리석은 이스라엘 백성들은 좋아하며서 가나안 땅 정탐을 시행하게 됩니다.

12지파에서 수령된 사람들(실상 지도급, 두령, 영향력 있는 유력인사들)로 정탐군을 구성했고, 수령들의 보고요 말이기에 온 이스라엘은 그대로 믿고 따를 수 밖에 없었습니다. 이분들이 그냥 보통 사람들입니까? 각 지파에서 가장 영향력 있는 자들입니다.

하나님은 이미 근본 원리 확실한 하나님의 뜻을 다 밝히셨는데도 인간들이 자기 욕심에 푹 빠져서 자기의 뜻대로 요구, 소원, 기도하게 되는 때 그냥 응해주는 경우가 있다. 그 예를 든다면 ① 이스라엘 백성들이 “왕”을 요구할 때였다. 하나님의 신정시대이므로 하나님을 마다하고 인간의 왕이 통치하는 왕정시대를 요구합니다. 사무엘이나 하나님의 마음은 심히 괴로우셨다. 그러나 온 백성들이 하나같이 요구하므로 하나님이 허락하셨고 열왕기 시대가 열렸다.

열왕기 시대는 긍정적이기 보다는 부정적 시대였다. 이스라엘의 왕 전체가 42명이었으나, 5명을 제외한 37명이 악한 왕으로 하나님의 노여움을 사게되고, 결국 나라가 두 쪽 나고, 북 이스라엘은 앗수르에(BC 722, 살만에셀), 남쪽 유다는 바벨론에(BC 586, 느부갓네살) 포로와 노예가 되는 결과가 온다.

② 발람이 발락왕이 요청하므로 하나님께 물어보았다. 하나님이 가지 말라고, 이스라엘은 복받은 민족이니 저주해서는 안된다고 불허했다. 그러나 발락 왕의 많은 돈과 명예와 높은 지위에 눈이 먼 발람은 하나님께 재차 또 기도한다. 하나님은 허락은 하시되 내가 네 입에 말을 넣어주는 말 이외는 하지 말라 하셨다. 결국 발람의 소원은 다 이루지 못했으나 바알브올 사건을 일시 허용케 한 죄악으로 죽음을 맞이하게 된다.

③ 광야 40년 동안 그 척박한 환경 속에서도 최고의 식품인 만나로 먹이셨다. 만나엔 비타민 A,B,C,.D,E,F,G 모두 다 들어 있고, 미네랄, 탄수활물 모든 영양소가 다 들어 있는 완전식품인데도 이스라엘 백성은 고기를 요구하였다. 하나님은 그들의 요구대로 메추라기를 이

스라엘 민족이 거주하는 광야 온 지경에 약 2규빗(약 90cm) 쌓이도록 허락해 주셨다. 욕심껏 긁어 모으는 광경이 가관이었고, 욕심껏 먹다가 많은 사람이 죽게 되었다(민 11:31-34)

④ 히스기야는 훌륭한 일을 많이 했지만 병들어 죽게 되었습니다. 하나님의 선지자 이사야가 너는 네 집에 유언하고 죽고 살지 못하리라 하니 히스기야는 얼굴을 벽으로 향하여 열심히 기도했다. 더 살려달라고 열심히 기도했다. 하나님이 히스기야의 눈물과 기도를 들으사 15년 생명을 연장시켜 주었다.

하나님이 죽으라 하면 죽는 것이 최고의 은혜요 축복인데 너무 간곡히 기도하므로 더 살려준 15년 사이에 므낫세가 태어났다. 그러나 이 므낫세 왕의 55년 치세로 남국 유다가 바벨론에 포로 잡히게 된다고 하나님이 직접 밝히신다(참조, 왕하 21:1-18, 대하 33:11-17, 렘 15:4, 왕하 23:36, 24:3-4, 개역 성경으로 읽어야 더 실감있게 기록됨)

⑤ 본문의 이스라엘의 가나안 땅 정탐을 원하는 기도를 모세까지 열심히 기도했다. 하나님이 끝까지 허락지 않았더라면 좋았을텐데 그만 허락하시므로 이스라엘에 큰 올무가 되어 징계를 받게 되었고, 40년간 더 헤메었고, 60만 대군이 다 쓰러져 죽고, 여호수아와 갈렙 이외는 가나안 땅에 들어간 자가 없었다. 이 얼마나 부정적 열매를 가졌는가?

원칙적인 것은 성경이든 하나님이 이미 말씀한 것이 변할 수 없는 진리인데 인간들이 너무 자꾸 자기 욕심과 정욕에 빠져서 기도와 요구만 할 때 하나님이 일시 허용, 허락은 해 주었으나 그 결과는 언제나 좋은 열매보다 잘못된 열매, 부정적 결과를 가져왔던 것이다.

먼저 하나님의 원칙, 하나님의 뜻, 하나님의 마음을 읽고 우리가 어떻게 기도해야 하는지? 과연 우리의 기도나 요구가 성경대로인가? 하나님의 뜻대로 인가? 바로 살펴 바른 기도를 드려야 한다. 기도란 참 좋은 것이로되 자기 마음대로 하는 기도는 차라리 안하는 것만 못하게 된다.

기도란 내 뜻을 관철시키기 위한 것이 아니요 오직 아버지 하나님의 뜻에 굴복하기로 결심하는 것이 기도입니다. 그래서 예수님도 겟세마네 동산에서 십자가를 앞에 놓고 기도하실 때 "할 수만 있으면 이 잔을 면하게 하옵소서. 그러나 내 뜻대로 말고 아버지의 뜻대로 되게 하옵소서" 이것이 예수님의 처절한 기도였습니다. (참조, 마 26:39-42)

우리의 기도나 소원을 말할 때 성경에 맞는 기도와 소원인지? 하나님 아버지의 뜻에 맞는 기도와 소원인지? 하나님 아버지의 마음에 드시고 기뻐하실 기도와 소원인지? 이런 것을 구분할 줄 알아야 올바른 기도와 소원이라고 봅니다. 잘못된 기도는 응답이 안 될 때가 많습니다. 그래서 응답이 안되는 기도도 영적으로 응답된 기도이다. 응답 안 되어야 하나님의 뜻인데 꼭 응답만 바라므로 응답은 되었지만 책망과 징계가 더 많이 낳을 수 밖에 없다.

셋째로 순종과 회개는 때와 기한이 있다(14:39-45)

열 정탐군의 보고를 들은 이스라엘의 온 백성이 소리를 높여 부르짖으며 밤새 통곡하고 울부짖었다. 그리고 온 이스라엘 백성이 모세와 아론을 원망하며 차라리 애굽에서 죽었더라면 좋았을 것을 이 광야에 우리를 인도해서 그 장대한 민족의 칼에 다 죽게 되고 처자들은 포로로 잡혀가 능욕을 다 당하느니 한 장관을 세워 애굽으로 다시 돌아가자고 외쳤다.

우리는 지도자를 잘못 만나 이 고생을 다하게 됐으니 리더를 교체하든지 애굽으로 인도할 자로 교체하는 것이 좋겠다고 울부짖었다. 언제나 문제나 사건이 발생하면 리더(총책임자) (목사)에게 화살이 쏠린다. 이 때 모세와 아론은 땅에 엎드렸다. 이 때 갈렙과 여호수아가 나서서 아무리 권면하되 그들 고집을 꺽을 수 없었다.

그러므로 하나님의 징계로 눈 앞에 가나안 땅을 놔두고 도리어 뒤로하고서 홍해 길을 따라 광야 깊숙이 들어가 장장 40년 동안 헤메게 된다는 선언하심도 듣고, 또 20세 이상 된 장정은 다 죽게 된다는 말, 특히 가나안 땅을 악평한 10명의 정탐군들이 하나님 앞에서 재앙으로 다 죽고 오직 여호수아와 갈렙만 살아남아 있음을 눈으로 확인하게 된다. (참조, 14:37-38)

그 때에야 온 이스라엘 백성이 정신이 번쩍 들게 된다. 또 광야로 가느니 60만 장정이 다 죽느니 이제 우리에게 허락된 땅, 가나안 땅으로 올라가는 것이 낫겠다. 14:40에 "그간 우리가 범죄하였습니다"하고 회개하고, 하나님의 말씀대로 순종해 보겠다고 자기들 맘대로 정하여 순종과 회개한다고 합니다.

모세가 책망합니다. 너희가 어찌 하나님의 명령을 범하느냐 이 일이 형통치 못하리라 그리고 여호와 하나님이 너희 중에 계시지 아니하시니 올라가지 말라 너희 대적 앞에서 패할까 하노라(14:41-42). 44절엔 그래도 그들이 못들은 척하고 세일 산으로 올라간다. 그러나 모세와 법궤는 진영을 떠나지 않는다. 세일산에서 호르마까지 아말렉인들과 가나안인들이 그들을 무찌르며 많은 사상자까지 발생케 된다(14:44-45; 신 1:41-46)

순종과 회개는 아무 때나 하기만 하면 되는 것이 아니다. 순종과 회개는 반드시 때와 기한이 있는 법이다. 하나님의 명령 하달 되었을 때 즉시 순종해야지 하달시 자기 생각, 자기 유익 유무를 따지다 기회가 지나고서 이제 계산해보니 순종하는 것이 더 낫겠다고 늦은 시간에 순종하는 것을 하나님이 기뻐받으시지 않으신다.

마 25:1-18에 열처녀 비유가 나온다. 신랑이 오셔서 잔치 자리에 들어가고 이미 문이 닫힌 때에 미련한 다섯 처녀가 와서 문을 열어 달라고 기도하고 매달린다. 이미 때와 기한이 지난 후였기에 "내가 너희를 도무지 알지 못하노라"고 거절하셨다. 깨어있지 않는 자는 기도도 회개도 때와 기한을 놓치고 자기 생각대로 하는 경우가 많다. 그리고 이 핑계, 저 핑계를 다 끌어다대도 아무 소용이 없는 것이다. 문이 닫힌 후 기도는 전연 하나님께 상달되지 않고, 문이 열렸을 때만 한정된다.

순종과 회개는 참 좋은 믿음의 행위이다. 그러나 하나님의 때와 하나님의 기한을 맞추지 못하면 도리어 하나님의 노여움을 사고 하나님의 책망과 징계만 오게 되는 것을 우리는 반드시 알아야 한다. 하나님의 명령은 즉시 즉시 순종도 회개하지 않으면 시효가 소멸되고 마는 것이다.

믿음의 정수는 아주 간단하며 명약관화하다. 어렵고 복잡하지 않다. 언제나 말과 의사 표시는 함부로 하지 말고 신중을 기해 성경, 하나님의 뜻, 하나님의 마음을 읽고 말하라. 그리고 기도와 소원은 반드시 성경에 기록된 대로 또 하나님의 뜻대로 하나님의 마음을 알아 기도하라 또한 순종과 회개는 때와 기한이 있으니 이 때를 놓치지 말아야 한다.

설교에의 적용 "믿음의 정수"

(민 13:15-33)

1. 말은 함부로 해서는 안된다.(25~28절)

불신자들이 기독교인들을 평가하길 "말이 많은 사람들"이라고 말합니다. 그 이유는 말은 많이 하되 그 실행이 뒤따르지 않기 때문에 "말이 많다"라고 평가하고 있습니다. 실제로 언행일치 된 자들을 보고 "말이 많다"고 하지 않습니다. 언행일치가 안되는 것을 보고서 "말이 많다"라고 합니다. 말을 함부로 하거나 자기 의견만 내세우다보면 이렇게 되기 쉽습니다.

회의진행시에 조심해야 할 문제들

① 법과 규칙 성경에 다 맞는 말일지라도 하나님의 마음을 읽지 못한 말은 삼가야 된다.

② 자기 의견이라고 함부로 발언해서는 안된다. 꼭 Adiaphora(신앙양심)보다, 더 우선되어야 할 것이 하나님의 마음을 읽을 줄 알아야 하고, 개인적 발언일수록 신중해야 한다.

③ 과거에 결정된 사항일지라도 오늘에 와서 잘못이 드러나면 번복해서 결정해야만 개혁주의 정신에 맞다. 잘못된 것은 언제든지 고쳐 나가야 한다.

④ '법이요'하고 그 말이 적법성이 인정되면 모든 논의는 중단되고 원칙으로 돌아가야 한다.

⑤ 사회자(노회장, 총회장)는 사회만하지 발언권이 없다. 발언하고 싶으면 허락받고 하라.

⑥ 민주주의의 최대 결점이 다수로 가결이다.(다수가결이 꼭 진리만은 아닌 것이다.) 그러니 더 나은 대안이 없어서 다수가결로 결정하고는 있으나 성경이 더 우선되어야 한다.

2. 기도와 소원은 오직 성경대로만 하세요(1-3절)

기도와 소원은 우리의 목적 달성의 최대 도구로 생각하는 것이 큰 오산이다. 기도와 소원은 하나님의 뜻에 맞추기 위한 하나님의 의지대로 순종하고 결심하기 위한 수단이요, 도구인 것이다.

적극적 사고와 기독교적 저극적 사고 방식을 조심해야 한다.

적극적 사고란 자기가 생각하고 계획했던 일을 능동적으로 이루려고 하면(기도, 소원) 반드시 그대로 된다고 믿는 사고방식이다. 그런데 성경에서도 여기에 알맞은 구절이 있다고 역설하게 된다. 바로 빌 4:13이다. "내게 능력 주시는 자 안에서 내가 모든 것을 할 수 있느니라" 이것은 기독교적 적극적 사고 방식이라고 포장하였습니다. 그러나 바울은 이 말씀의 뜻을 기독교적 적극적 사고 방식을 위해서 한 말씀이 아니다. 즉 자기 생각과 계획대로 능동적으로 다 이룬다는 것이 아니라 오직 어떠한 환경에 처하든지 간에 능력주시는 자 곧 하나님의 뜻과 섭리로 자신에게 주어진 어떤 사명도, 직분도, 의무를 감당할 수 있음을 말함이지 기독교적 적극적 사고 방식으로 말함이 아니다. 하나님의 뜻과 섭리가 아니면 우리가 아무리 기도하고 희망해도 꼭 그대로 되지 않는다.

기도는 만능이다는 사상도 조심해야 한다.

기도만하면 모든 것이 반드시 이루어진다고 믿는 사상이다. 겉포장은 아름답다. 그러나 무슨 일이든, 무슨 소원이든 기도만 하면 다 된다는 생각은 위험한 신학이다. 오직 하나님의 뜻이냐 아니냐가 중요하지, 내 뜻, 내 생각대로 기도만 하면 반드시 이루어진다 라는 사상은 하나님의 뜻과 섭리는 온데간데 없고 자기가 주인이 되는 이단적 사고이다.

3. 순종과 회개는 때와 기한이 있다(14:39-45)

순종과 회개는 때와 기한이 지나면 빛을 내지 못한다. 즉 빛바랜 순종, 빛바랜 회개가 되고 만다. 물론 끝까지 순종 안하는 것보다 낫지 않은가? 끝까지 회개 안하는 것보다야 낫지 않은가? 하는 이론이 있을 수 있다. 물론 안하는 것보다야 어느 면으로도 늦게라도 해야만 한다, 그러나 즉시 순종하는 것과는 상급과 영광에는 차이가 있다고 본다.

매 실컷 맞고서 공부하는 자녀도 있고, 매 맞지 않고도 스스로 공부하는 자녀도 있는데 그 결말은 어떻게 되겠습니까? 매를 맞을 때 본인도, 때리는 부모도 마음이 몹시 아프고 거룩한 심령이 상하게 된다. 거룩한 하나님의 마음을 상하게 한 죄가 첨가되기에 부끄러운 일이 되기도 한다(순종과 회개)

즉시 즉시 순종하는 것과 오랜 후 순종엔 분명 상급과 영광에 차이가 있다. 우리나라는 왜정 때 신사참배를 강요당했다. 그러나 그 때 신사참배한 과오를 회개하고 다시 신사참배를 반대하고 옥에도, 핍박도 다 받고, 나중에 순교까지 하는 것과 오랜 세월 지난 요즘에 회개하는 것과는 많은 차이가 있음이 분명하다. 지연된 순종은 불순종이라고 봐야 된다.

늦게라도 깨닫고 순종하고, 회개하는 것도 참 아름다운 신앙생활이나 그러나 하나님의 때, 하나님이 제시한 기한 안에 순종과 회개함이 비교가 안될 만큼 큰 차이가 있는 것이다.

2
PART

성경 연구

1. 왜 "독사의 자식들아"라고 하셨을까?
2. 예언과 방언에 대한 견해
3. 병자를 위한 안수기도는 성경적인가?
4. 세례요한에 대한 연구
5. 예수님의 족보에 대한 연구
6. 모세사후의 기록은 누가 기록하였을까?

"독사의 자식들아"

1. 왜 "독사의 자식들아"하고 책망하셨을까?

세례요한은 바리새인들과 사두개인들이 세례 베푸는데 오는 것을 보자마자 "독사의 자식들아"하고 책망부터 하셨다. 그들이 무엇을 얼마나 잘못했기에 이렇게 심한 책망(실제는 욕설)부터 하였을까 이해가 안된다. 바리새인들과 사두개인들 전체가 다 잘못된 것 같이 책망하였다(마 3:7 참조). 그들 가운데는 보편적으로 잘못 믿는 자들이 많이 있지만, 그래도 그 안에는 신실한 교인들도 있었을 것이다.(예: 바울, 니고데모, 가말리엘 율법 교법사, 아리마대 요셉, 이름 밝히지 않은 여러 여인들, 시므온 선지자, 안나 여선지자 등등)

여기 독사의 자식들아(γεννήματα ἐχιδνῶν, 겐네마타 에키드논), 보통 뱀이 아닌 아주 맹독성을 가진 독사를 뜻한다. 바울이 멜리데 섬에서 물린 뱀도 이 단어 "에키드나"를 썼다. 그러나 하나님의 보호하심으로 아무 해를 받지 않았다(참조, 행 28:3-6). '에키드나'는 소유격 복수형으로 쓰여져 "독사들"이라고 한다. 여기 독사의 자식들은 은유적 표현으로서 바리새인들과 사두개인들이 저지른 죄악으로 지옥의 심판을 피할 수 없는 존재라는 의미를 내포하고 있다.

세례 요한 뿐만 아니라 예수님도 공생애 때 전도 말씀, 즉 설교하시면서 이들을 향하여 독사의 자식들이라고 책망하셨는데 무슨 연고로 그리하셨을까요?

① 마 12:34 "독사의 자식들아 너희는 악하니"라고 하심은 사람을 유혹하여 죄악에 빠뜨리는 사탄의 자식들아 하시며 책망하신 것이다.

② 마 23:33 "뱀들아 독사의 새끼들아" 여기서는 아예 욕설로 책망하신 것 같다.

주님의 이런 책망도 지옥의 심판을 피할 수 없는 존재라는 사실을 밝힌 것이다. 세례요한이나 예수님은 왜 이리 바리새인들과 사두개인들에게 심한 책망도 서슴지 않으셨을까? 거기엔 반드시 뜻과 이유가 있음을 밝히는 것이 본 세미나를 통해 미력하나마 연구하여 발표하고자 하며 오늘날 우리들을 향해서도 그들과 같은 요소가 있을 때는 이런 책망의 대상이 된다는 것도 분명히 밝혀둔다. 세례 요한이나 예수님으로부터 실제적으로 이런 책망을 받지 않아 실감이 나지 않지만 아마 오늘날도 그런 책망은 여전하리라고 보아 정신 차리고 깨어 개혁하지 않으면 바리새적, 사두개파적 요소가 교회 안에 얼마든지 있음을 밝혀 보고자 합니다.

2. 유대의 네 종파에 대한 연구

유대교 안에 네 종파가 있다는 말은 유대역사가인 요세푸스(Flaviuo-Josephus A.D. 37~A.D. 100?)에 의해 밝혀진다. 그가 저술한 책 ① 유대 고대사(Jewish Antiquities) ② 유대전쟁사(Jewish War) ③ 자서전 ④ 아피온 반박문이라는 책들이 있다. 이 네책을 목회자는 어느 정도는 연구해 터득해야 한다.

유대 네 분파를 논하려면 먼저 하시딤에 대해서 설명해야만 한다. 이스라엘이 바벨론에서 포로생활 70년 지난 후 고레스 왕의 귀환 허락 칙령을 내리므로 1차에서 3차에 이른 귀환이 있었다. 예루살렘에 돌아온 그들은 그 어렵게 성전을 재건했다. 그런데 솔로몬 성전 때와 같은 하나님의 임재도 없고 세상이 바뀐 것도 없었다. 그래서 다시 성곽을 재건하면 달라지겠지 했으나 성곽 재건 완성 후에도 조금도 달라진 것이 없었다. 유대인들은 실망에 빠졌다. 그래서 신앙은 점점 세속적이고 타락하게 되니 말라기 선지자의 호된 책망을 받는 장면을 많이 읽어서 알고 있다. 그러나 이때도 하나님의 율법을 사랑하고 그것을 그대로 지키려고 애쓰는 자들이 있었다. 이들을 '하시딤' 이라고 부릅니다.

중간사에서는 이 '하시딤' 이 중요한 위치를 차지하고 마카비 전쟁에서 네 분파의 성격이 갈리게 된다. 그 직접적 원인은 요나단 왕이 (레위지파가 아닌데) 대제사장직을 겸하게 된 때부터 각 분파가 나뉘게 되는 것이다.

1) 에센파

1947년 사해 서북쪽의 쿰란 동굴 속에서 많은 문서들을 발견하게 됩니다. 이 문서를 남긴 공동체를 '에센파' 였을 것이라고 보고 있다. 성경에는 '에센 파' 에 대한 언급이 전연 없고 예수님이나 신약 어떤 인물들도 쿰란 동굴을 방문한 적이 없기 때문에성경에 등장하지 않는다. 한편 세례요한과 이들 사이에 유사점이 많기는 하되 세례 요한이 이 공동체에 속해 있었다고 단정 지을 수는 없는 것이다. 이 공동체는 요나단 왕이 대제사장 직을 겸하는 것에 대하여 극렬하게 반대했다. 극렬한 반대로 몇 사람이 사형을 당하게 된다. 그래서 정권과 맞서 싸울 수 없어서 공동체를 세워 쿰란 무인지경 동굴 속으로 숨어 생활하게 된 것이다. 이들은 결혼을 반대도, 장려도 안했으나 오직 양자를 맞이하는 방식으로 공동체를 유지해 나가게 되었다. 그들은 수도원 공동체와 같은 삶을 살다가 A.D. 70년에 로마군에 의해 완전히 파멸되고 이 땅에서 영원히 사라져 버린 분파이다.

2) 사두개파

사두개파라는 이름은 대제사장 사독에게서 유래된 듯하다. 그들은 한 마디로 말해서 예루살렘 성전을 중심한 종교 귀족인 셈이다. 왕의 정책에 찬동하는 분파였고, 당연히 요나단의 대제사장 등극에도 적극 찬동하게 된다. 그래서 그들은 성전 제사를 둘러싼 모든 권리를 얻게 되었는데 이것이 어마어마한 특권을 누리게 된 것이다. 매년 세 차례 (무교절, 맥추절, 수장절) 절기를 지키는 것이 하나님의 명령이요 유대인 남자는 필수적 의무인데 이 때 빈손으로 오지 말고 많은 제물을 반드시 바쳐 드려야 한다(참조, 출 23:14-17)

이 사두개파는 A.D. 70년 로마의 티토 장군에 의해 예루살렘 성전이 완전 파괴되므로 제사드릴 성전이 없어지므로 제사장 족속인 사두개파도 이 땅에서는 다시 볼 수 없이 사라지고 없는 교파이나 예수님 전후 당시에는 세력이 막강한 권력(정치력, 종교력)을 쥔 교파였다.

3) 바리새파

"바리새"라는 말의 어원은 '분리하다' 이다. 이들은 정치적으로 친권력적 성격을 가졌던 사두개파와 반권력적 성격을 가졌던 엣센파의 중간의 입장을 취하게 된다. 그래서 요나단 왕의 대제사장직 겸직에 찬성하지도 않았지만 그렇다고 해서 목숨을 걸고 극렬하게 반대하지도 않았다. 엣센파가 쿰란이라는 척박한 곳에 가서 공동체를 이루고 살았으며, 사두개파는 예루살렘 성전을 중심으로 활동한 것과는 달리 바리새파들은 각자의 고향에서 조용하게 활동한 것이다. 낮에는 각자의 직업에 충실했고, 저녁이 되면 토라를 연구하고, 마을 사람들을 가르치면서 살았다. 이들의 뿌리는 앞에서 말한 바 있는 '하시딤' 이다.

A.D.70년 로마의 예루살렘 공격으로 성전과 도시가 완전 불타고 나라는 패망되었을 때, 엣센파도 사두개파도 물론 열심당도 영원하사라졌지만 오직 바리새파만은 오늘 현재까지 살아남아 있으며 현재 유대교는 오직 바리새파만 생존하여 유지 계승하고 있다.

4) 열심당 {젤롯인, 셀롯인, 식카리(단도)}

열심당은 B.C.140년대의 요나단 왕이 대제사장직 겸직 사건과는 별로 관계가 없는 사람들이다. 왜냐하면 이들은 B.C. 6년경 헤롯대왕의 통치 기간 중에 처음 역사에 등장되었기 때문이다. 그들은 매우 활동적인 사람들이었기 때문에 '열정적인 사람들'을 뜻하는 젤롯인 혹은 셀롯인 이라고도 불렀다. 그리고 '식가리'라는 말은 아람어로 '단도'라는 뜻인데 이들은 단도(검)을 소지하고 다녔기 때문에 붙은 이름이다. 처음에는 창을 들고 다녔지만 금방 식카리 당원이라는 것이 노출되기 때문에 나중에는 '단도'로 무기를 바꾸어 소지하기 쉽고 감추고 다니다 매국노를 만나면 암살 도구로 사용한 교파이다. 이들은 A.D.66년에 발발된 대로마 항쟁에 적극적으로 주도하고 가담하여 싸웠습니다. 그런데 그 싸운 이유가 너무 황당하다. 대로마에 항쟁하여 싸우도 보면 중과부적으로 유대인이 질 것을 알고 있던 그들이었다. 유대나라가 패망하는 것은 하나님이 그냥 보시지 않고 도리어 메시야를 빨리 보내어 완전 승리케 해 주실 것을 믿고 선전포고한 것이다. 즉 메시야를 빨리 오시게 하기 위해 전쟁을 일으킨 것이다. 그래서 그들은 메시야가 오시기까지 싸워야하고, 한 사람도 남김없이 다 죽을 때까지 싸워야 된다는 것이다. 이 항쟁의 전쟁에서 예루살렘은 A.D. 70년에 파멸되었어도 열심당은 A.D.73년까지 그 유명한 '마사다' 요새(masada)에서 최후까지 버티고 싸우다 약 천명이 서로 사살하고 마지막 남은 한 사람은 자살하여 죽음으로 이 땅에서 사라지고 만다. 함락된 후에도 그들이 매일 드린 상번제와 제단에서 제물이 불에 타 제사드려지고 있었다고 한다.

지금까지 네 분파의 형성 과정을 간단명료하게 소개했고, 이제 3장에서는 두 분파의 신학에 대해서 논하려고 한다.

3. 두 분파의 신학에 대하여

유대의 네 분파 중 사두개파와 바리새파의 신학만 다루려고 하는 것은 본 세미나의 주제를 풀기 위한 배려이오니 양해바란다.

1) 사두개파의 신학

세례요한이나 예수님으로부터 심한 책망과 '독사의 자식들아' 라고 질책 받음은 여러 가지 이유 중에서도 가장 근본적인 이유는 그들이 하나님의 말씀인 성경 말씀을 없애 버리거나 훼손한데서 그런 책망이 있었다. 구약 성경 중에 사두개인들의 신학은 오직 모세오경만 믿고 나머지는 모두 잘라 내버리는 엄청난 죄를 저질렀습니다.

그렇다면 왜 많은 성경을 잘라냈는가?

① 경제적인 이유 때문이다.

사두개인들은 성전 중심으로 산 종교 귀족인데, 그들의 유복한 것이 성전 제사때문이었는데 모세오경은 제사를 강조하나 다른 성경은 그렇지 않은 경우가 많기 때문이다.

㉠ 역사서 중에 삼상 15:22에는 "순종이 제사보다 낫고 듣는 것이 수양의 기름보다 나으니" 이 성경대로라면 제사드릴 필요없고 순종만 하면 되고, 제물의 기름보다 말씀을 잘 듣기만 하면 되기에 역사서를 배제하게 된다.

㉡ 시가서 중에 시 51:17에는 "하나님께서 구하시는 제사는 상한 심령이라" 사두개인들이 듣고 싶은 말은 '죄가 있는 자는 성전에 와서 많은 제물로 제사하라' 이다. 그래야 많은 제물이 바로 자기들의 것이 되기 때문이었다. 그래서 시가서도 배제하였다.

㉢ 선지서는 더 심각하여 이사야서의 첫부분부터 사두개파로는 충격적이다 "헛된 제물은 다시 가져오지 말라. 분향은 내가 가증히 여긴다. 월삭, 안식일, 대회로 모이는 것도 악만 행하니 지키지 말라" 아모스 5장엔 더 충격적이다. "내가 너희 절기를 미워하며 네가 번제나 소제를 드릴지라도 내가 받지 아니하며 너희 희생의 화목제도 내가 돌아보지 아니하노라"(암 5:21,22 참조)

이런 경제적 이유가 결국 사두개파 존립에 상관되기 때문에 제사를 강조하는 모세 오경만 성경으로 인정하고 나머지(구약 중)는 모두 잘라 내버리는 엄청난 죄를 지으면서 잘 믿는다고 하기에 그런 질책을 받게 된 것이다.

② 사회적인 이유 때문이다.

사두개파가 모세오경만 좋아했던 이유는 그들의 사회적 성공과 경제적 풍요를 정당화시켜주는 역할을 했기 때문이다. 모세오경엔 인과 응보의 진리가 강하게 나타난다. 하나님을 잘 믿는 자가 하나님의 사랑과 축복을 많이 받는다는 것이다. 그래서 믿음 좋은 아브라함, 이삭, 요셉이 부요와 출세하게 됐다는 것이다. 그러나 불순종하는 자들은 경제적 궁핍도 사회적 고난도 많이 받는다고 보았다. 자신들의 부요와 출세가 모두 하나님의 복받음이 믿음 좋은 결과이니 온 유대인들은 사두개파를 흠모하고 존경하고 따라야 한다는 긍지로 산다. 그런데 다른 성경엔 의인이란 욥이 왜 이런 고난을 받아야 하느냐? 선지자들은 불의한 부자들에 대해 준엄한 심판을 예고하므로 늘 당황하게 하고 불안 속에서 살도록 한다는 것이다.

③ 신학적 오류를 직적힌다면

사두개파는 죽은 자의 부활, 천사, 마귀, 영적 세계를 믿지 않았다. 그 이유는 ㉠모세 오경에는 이런 문제들이 잘 등장하지 않으니 믿을 필요 없다. ㉡ 워낙 유복한 삶이라 이런 문제로 경건하게 살 필요 없다는 것이다. "천국은 있어도 그만 없어도 그만" 선택사항 같이 생각하였다.

2) 바리새파의 신학

사두개파는 성경을 마음대로 없애버린 것에 주님의 질책이 있는데 반해 바리새파는 성경을 마음대로 너무붙여서 하나님의 말씀이라고 전했기에 주님의 질책을 받게 된 것이다. 계 22:18~19 "만일 누구든지 이것들 외에 더하면 하나님이 이 두루마리에 기록된 재앙들을 그에게 더하실 것이요 만일 누구든지 이 두루마리의 예언의 말씀에서 제하여 버리면 하나님이 이 두루마리에 기록된 생명 나무와 및 거룩한 성에 참여함을 제하여 버리시리라"

'하시딤' 의 신학을 그대로 물려받은 분파가 곧 바리새인이다. '하시딤' 들은 율법을 잘 지키기 위해 '울타리를 치다' 라는 방법을 사용하였다. 즉 안식일 규정을 예를 든다면 금요일 오후 6시 이후부터 안식일이다. 일을 하다보면 그만 그 시간을 자기도 모르게 넘기면서 일 할 수가 있다. 그래서 아예 한 시간 전부터, 5시 이후부터 안식일이라는 울타리를 쳐놓으면 잠간 시간을 넘겨 일해도 안식일을 범한 것이 아닌 것이다. 이런 것이 울타리를 치는 작업이다.

그러다보니 구전 율법이 탄생케 된다. 울타리 치는 작업의 말을 일반 신자들이 하나님의 말씀으로 인정하려들지 않는다. 그간 평생 랍비들에게 들어 본 일 없는 그런 율타리 치는 것을 하나님의 말씀이라고 하니 못 믿을 수 밖에 없었다. 그래서 이 하시딤들이 끔찍한 거짓말로 일반 신자들을 속이는 작업을 한다. 즉 하나님이 시내 산에서 모세에게 주신 율법이 두 가지가 있다.(성문율법(成文律法, 성문율법, Written law) 이 율법은 모세에게 책으로 기록하라고 했다. 그것이 모세오경이다. 그리고 하나님이 또 다른 율법을 주셨다. (口傳律法, 구전율법, Oral law) 이것은 기록하지 말고 아론과 그 자손들에게 암기하여 권하라고 명령하신 것이다.

그래서 기록되지 않고 구전으로 전해내려 왔는데 지금은 말세이고 너희가 너무 흉악해졌기 때문에 '하시딤' 지도자들이 일반 신자들께 이 구전 율법을 공개키로 결정한 것이 울타리를 치는 작업과 그들의 전통을 구전 율법이란 명칭으로 사용케 된 것이다. 이런 엉터리를 세례 요한과 예수님은 너무 잘 아시기에 심한 질책을 하는 것이다. 그래서 그들은 구전 율법으로 잘 자리 잡아가 예수님 시대를 지나 A.D.70년 예루살렘 성전과 온 성이 파괴되자 구전 율법을 가르치는 학교도 파괴되어 기준과 표준을 유지할 길이 없었다. 그래서 구전 율법을 책으로 편집하여 보급하게 된 책이 '미쉬나'의 탄생이다. 이 미쉬나(mishina)는 '반복'이란 의미로 두 랍비(아키바와 메이르)가 수집하여 편집한 책이다.

정확히 말하면 이 '미쉬나'는 그냥 인간들의 책, 좋게 말해서 유대교의 경건 서적에 불과한데 울타리 치는 작업을 하여 신적 권위를 부여하기 위해 구전 율법으로 거짓으로 속이고 이 구전 율법을 책으로 기록한 것이 '미쉬나'이다. 이 '미쉬나' 각권에 대한 상황 설명서 즉 주석이 필요하다. 이 주석 책을 '게마라'(배우다. 완성이란 뜻이 있다.)

'미쉬나' 따로 '게마라' 따로 가지고 다니다 보니 번거로우니 한권으로 묶어 책으로 만들어 낸 것이 유명한 '탈무드'이다. '탈무드'(교육, 연구란 뜻이 있다)를 유대인들은 정경성을 부여해서 정통성있는 하나님의 말씀이요 결국 성문율법이 되고 만 것이다. 하시딤들 →울타리를 치는 작업 → 구전 율법으로 승격→ 편집하여 미쉬나 출간→ 미쉬나에 대한 주석인 게마라 등장→ 미쉬나와 게마라 합본으로 탈무드 → 경전으로 승격(성문 율법과 동등시) 그러나 이 경전에 대한 예수님의 반응은 단호했다.

마 15:1-3에서 단호하게 질책하신다.

1) 장로들의 전통은 '너희의 전통'이라고 폄하하셨다. 바리새인들은 이 전통은 모세가 시내산에서 받은 거룩한 것이라고 믿고 있었는데 큰 충격적인 질책이었다.

2) 어찌 너희 전통으로 하나님의 계명을 범하느냐, 이것은 바리새인들의 결정적 치명타였다. 장로들의 유전은 하나님의 계명이 아니고 도리어 하나님의 계명에 반하는 것이라고 직구를 날렸다. 바리새인들에게는 장로들의 전통을 지키고 사는 것이 엄청난 긍지였는데, 그래서 한 두 해도 아니고 평생을 경전으로 알고 살았는데 하나님의 계명도 아니요, 계명에 반하는 것을 하나님의 말씀이라고 거짓말로 가르치는 지도자, 거짓을 믿는 일반 신자, 모두에게 세례요한도, 예수님도 아예 '독사의 자식들'이라고 심한 질책을 퍼 붓게 된 것이다.

예수님께서는 그토록 강하게 비난하신 것은

1) 인간의 말을 하나님의 말씀의 위치로 올려 놓은 것을 제일 싫어하시기 때문이다 오늘날 천주교나 개혁교회 지도자들이 자기 말이 곧 하나님의 말씀이라고 버젓이 속이고 있다.

2) 인간이 만든 구전 율법은 가난한 자들은 지킬 수 없도록 어렵게 만들었기 때문이다. 하나님의 율법은 어떤 사람도 다 지킬 수 있도록 적절하게 명하셨으나 바리새인들의 율법은 엄격하고 일반 신자는 지키기 어렵게만 고안해 낸 것이 많이 있다.

3) 이 구전 율법을 가지고 자기들끼리 경건 싸움을 벌인다. 서로 지키기 어려운 규정을 만들어 내는 경쟁을 벌였고, 그래서 자기 계파의 우월성을 자랑하는 위선자들이다.

4. 천주교 역사에 비추어진 바리새파적 신학들

1) 십계명 개조 : 기독교의 근간은 십계명이다.

그런데 천주교는 십계명부터 뜯어 고쳐 자기들의 입맛에 맞게 고쳤다. ① 하나님이신 천주를 흠숭하라 ② 천주의 이름을 헛되이 부르지 말라 ③ 안식일을 거룩히 지키라 ④ 네 부모를 공경하라 ⑤ 살인 ⑥ 간음 ⑦ 도적질 ⑧ 거짓증거 ⑨ 남의 아내를 탐하지 말라 ⑩ 남의 재물을 탐하지 말라

우리의 둘째 우상을 섬기지 말라를 빼버렸고, 그리고 9번째, 10번째를 우리의 열 번째를 쪼개어서 10가지로 채웠다. 그들은 성인숭배, 성물숭배, 초상화, 유골, 성자 모두가 우상 숭배의 일환이기 때문이다. 심지어 목주, 성찬식 떡, 생수, 우상 섬기는 기독교가 아닌 이방 종교요 오히려 적그리스도라 보아야 한다.

2) 마리아의 숭배 사상 : 천주교는 마리아 숭배 사상이 극에 달한다.

A.D.800년–마리아에게 기도하기로 결정하여 마리아 이름으로 기도

A.D.1568년–마리아송이 등장

A.D.1854년–마리아 무죄(죄가 없는 의인) 예수 한 사람만 잉태하고, 출산했으므로 동정녀라는 것(마 13:55,56과 반함)

A.D.1917년–마리아가 은총의 중재자로, 중보자는 예수님만 유일한데 마리아를 중보자로 승격시킴

A.D.1931년–마리아는 하나님의 어머니라고 확정

A.D.1950년 –마리아 부활 승천설

A.D.1962년–마리아 종신 처녀설

천주교는 바리새인들보다 사두개파보다 더 많은 죄를 짓고 있는 집단이다.

3) 면죄부 판매 및 그 신학

베드로 성당을 짓다가 돈이 모자라서 일시 중단된 때가 있었다. 그리하여 궁리해 낸 것이 면죄부라는 기상천외한 신학을 펼쳤다. 지옥에 있는 부모가 연옥으로, 연옥에 있는 부모의 영이 천국으로 가는 유일한 길이 면죄부를 사는 길이었다.

A.D.1091년에 고안해서 여론을 살피고 신학적 뒷받침을 강구하다가 A.D.1190년부터 판매를 개시하여 이 신학을 실천에 옮기게 된다. 이 사건으로 많은 반대 세력에 부딪히게 되었고, 결국 A.D.1517년 루터의 종교개혁에 95개조 개혁 조항에서 제일 많은 항목을 차지하게 된다.

4) 기타

그 외에도 교황무오설(1870년), 성경구독금지(1229년), 연옥설 확정(1439년), 가경을 정경으로 인정(1546년), 요셉을 교회의 수호신으로 정함(1870년), 유전을 성경 권위 인정(1546년). 세례 요한이나 예수님이 이 땅의 천주교를 보시자마자 '독사의 자식들'이라고 하실 수밖에 없다.

5. 개혁교회 역사에 비추어진 사두개파적이고 바리새파적인 신학적 과오들

1) 개혁교회의 사두개파적인 신학적 과오 문제

예전의 성례, 그 중 성찬식을 들 수 있다. 원래 예전엔 말씀과 성찬은 반드시 병행되어야 한다. 그런데 우리 개혁교회는 말씀은 풍성한데 성찬식은 극히 희소하다(1년 한두번, 분기별로 4번, 매월 첫주 12번 정도로 지킨다) 성경적 근거로 고전 11:17-22에 성만찬의 제정 때, 애찬과 성찬을 구분할 수 있다. 이 성경을 근거로 A.D. 412년 칼타고 공의회때 애찬은 폐지하고, 성찬식만거행케 된다. A.D.412년까지는 모일 때마다 애찬과 성찬을 겸하였다. 여기 "모일 때마다"(17,18절)는 예배로 모일 때마다 인지, 아니면 일반 모임인지 구분이 안간다. 그러나 전후 문맥과 주석을 참조해 보면 예배로 모일 때마다로 해석할 수 있다. 그래서 중세교회, 정교회, 천주교,성공회, 그대로 예배 때 말씀과 성찬을 겸한다.

그런데 개혁교회(그 중 한국교회)는 선교사들의 편의상 정한 것이 관례가 돼버렸다. 한국초대교회 시대 선교사님들이 여러 교회르 개척하고 일일이 다 돌아볼 수 없어 영수님께 지교회를 맡기고 1년에 봄, 가을 두 차례 당회장 겸 선교사님이 방문하여 세례식과 성찬식을 겸하게 된 것이 관례가 되고 말았다. 우리 종교개혁자인 칼빈도 이런 말씀을 남겼다. "1년에 한두번만 성찬에 참여하도록 한 것은 분명히 마귀의 농간이다" 이 말씀은 모일 때(예배로) 마다 성만찬을 시행해야 되는데 시행 상 편의상 생략하고 말씀만 전하는 것은 분명 예전에 큰 문제가 있고 사두개파적 편이 신학이 작동된 것이니 성만찬을 성경원리대로 말씀이 있는 예배엔 반드시 시행되어야 할 예식이다.

2) 개혁교회의 바리새파적 신학적 과오문제

'하시딤'들과 '바리새인'들의 신학은 신앙을 더 잘 지키고 살자고 한 일들이 오랜 세월이 흐른 지금에는 너무 잘못된 관행으로 드러났고 성경원리에도 어긋난 것이 너무 많다, 이 부분은 너무 많아 일일이 다 논할 수는 없다. 그 예로 세 가지만 예를 든다. ① 송구영신예배 정착 ② 금요철야 기도와 토요새벽기도회 폐지 ③ 일천번제, 제물헌금 발표 등이다. 이제 자세히 논하려고 한다.

① 송구영신예배의 정착

송구영신예배는 1970년대부터 누구에 의해 어느 교단에서부터 시작된 것인지 아무도 모른다. 그러나 한국교회 부흥절정기인 70년대 중반부터 한 교회에서 시작하니 그 전파 속도가 광속도로 한국 전교회로 몇 년 사이에 완전 장악하여 이젠 완전 정착된 단계에 이르렀으나 신학적 근거도 전연 없고, 성경적 근거도 없으며, 세계 기독교 역사에서도 전연 근거를 찾아볼 수 없는 기이한 현상으로 온 가루 통 안의 가루를 썩게 하는 누룩과 같은 존재이다. 송구영신예배, 한국무속신앙에서 왔다고 봅니다. 무속세계에선 섣달그믐 날이 되면 지난해의 모든 묵은 것을 버리고 새해의 새로운 삶을 소원한다고 옥황상제께 기도

드리는 것이다. 그래서 섣달그믐 날 밤엔 잠을 자기 않고 제사지내거나 옥황상제나 조왕신과 신령님들이 밤 12시경에 집에 내려온다고 믿고 있기 때문이다.

그래서 섣달그믐 날 밤은 온 집에 불을 밝혀 놓고 신령님을 기다리는 무속신앙을 닮아 기독교가 송구영신예배를 만들어 지키는 것이다. 거기다 새해 첫날 해돋이 맞이하려 동해안으로 바로 달려가서 해가 처음 떠오를 때 환호성 지르는 자들은 거의 불신자들이고 믿는 성도라는 작자들은 해를 향해 기도와 소원을 올린다. 이것이 과연 기독교 신앙입니까? 송구영신예배는 따로 드려서 안되고 성도가 해돋이 하러 떠나고, 해를 향하여 기도하고 빌어도 안된다. 이 송구영신 예배는 무속종교와 기독교의 합작품인 것이다.

새 해 첫 주일 새벽예배나 주일예배가 하나님 만나는 첫 시간이요, 새 해를 하나님께 온전히 맡기는 것이 첫 주일 예배가 진정한 기독교 신앙을 표현인 것이다.

② 금요철야 기도와 토요새벽기도회 폐지

해방 전후의 철야기도회는 초저녁부터 시작하여 토요일 새벽예배 시작 전까지 계속되는 그야말로 온전한 철야예배(기도회)였다. 요즘은 그 형식만 남아서 저녁 9시에 시작하여 10시에 마치고 계속 기도하는 자들도 11시에는 거의 마치고 만다. 이것은 철야예배가 아니고 그냥 금요저녁예배인 것이다. 여기다 토요일에는 새벽예배를 아예 생략해버린 교회가 거의 100%가 된다. 금요철야기도회도 성경적, 신학적 근거가 전혀 없다. 예수님은 밤마다 감람산으로 습관적으로 기도하려 올라가셨다. 꼭 금요일만 가신 것 아니다. 고난 받으시기 전 기도하신 것은 목요일 밤에 기도하셨다. 진정 철야기도를 가지려면 목요일 밤에 행해야 한다. 그리고 금요일 밤 11시면 종료하오니(유대인 오후 6시) 토요일 새벽예배는 반드시 드려야 한다.

토요일에 새벽예배 안 드리므로 주일 날 새벽도 연장선상에 있어 거의 50%가 결석하게 된다. 이 얼마나 모순이며 주일 날 새벽기도도 안 하는 성도가 성도라 할 수 있는가? 그러므로 성경적 근거도, 신학적 근거도 없고, 기독교 역사에도 없는 금요철야기도회는 폐지하고 365일 하루도 빠짐없이 새벽기도는 드려야 할 것이다. 인간 편리 기준으로 기도회나 예배가 드려도, 생략해도 바리새적 모순에 빠지게 된다.

③ 일천번제, 제물헌금 드리는 사람 발표하는 것이 과연 성경적인 것일까?

이것 역시 바리새파적 발상에서 나온 것이다. 성경에 일천번제는 솔로몬이 드린 것이 성경 선지서와 역사서에 나온다. 그 후에 그 누구도 일천번제를 드렸다는 성경에 기록이 없다가 3천년이 지난 한국에 와서 누가 시작했는지 일천번제 제물이란 헌금봉투에 적어내는 것이 유래라고 본다. 일천번제예배가 따로 있는 것도 아니고 솔로몬도 2년 9개월 예배(예물) 드린 것이 아닌데 요즘 드리는 일천번제는 2년 9개월 동안 하루도 빠짐없이 계속 헌금 봉투만 드려지는 예배요, 거기에 여러 소원과 헌금 목적이 기록된다.

그러면 목사는 그 소원과 목적 그리고 기도제목들을 일일이 기도해 주게 된다. 그럼 솔로몬이 10만마리 양을 잡아 제사 드렸으니 '십만번제' 도 드려져야 될 것인가? 한국교회에서 행해지고 있는 일천번제 제도는 불교의 절에 가면 '백일기도회'라는 큰 글귀와 '천일기도회'라는 큰 글귀를 보아왔다. 그런데 성경에 솔로몬이 기브온 산당에 올라가 일천번제를 드렸다는 내용이 너무 맞아 떨어져서 도입된 것이라고 나는 본다.

그래서 일천번제 제도를 교회에서 아무 저항없이 시행케 된 것은 성경에 있기 때문이라고 하나, 하나님이나 예수님 그리고 성경 그 어디에도 일천번제 드리라는 명령도 없고 비슷한 사례조차 찾을 길 없는 사안이다. 그런데 하나님께 더 잘 믿는다는 것을 과시하려는 발상, 교회는 헌금을 더 거두게 하는 발상, 바리새적 발상으로 자기 믿음을 나타내 보이려는 과대망상에서 온 잘못된 발상이니 반드시 폐지되어야 할 제도라고 본다. 일천번제 제도는 불교와 기독교의 합작품이다. 그래서 독사의 자식이란 책망을 듣게 된다.

6. 결론

거룩한 성경에 '독사의 자식들'이란 책망의 욕설이 나올 때마다 나는 이해를 못했다. 아무리 잘못했다고 그런 심한 말을 하실 수 있을까? 그러나 사두개파와 바리새파의 외식적이고 진실을 가장한 거짓

믿음이요, 성경을 잘라 없애는 행위, 자기 딴엔 잘 믿는 것 과시해 보려고 인간적 발상을 하나님의 명령에 의하고 하나님의 뜻이라고 위장포장해서 일반 성도를 속여 일생동안 믿고 실행케 한 바리새파적 신앙을 진리와 정의 근본인 주님의 심령으로 용납하실 수 없기 때문에 좀 심하시게 책망하신 것이라고 봅니다. 오늘날의 천주교는 물론 신약시대 사두개파와 바리새파도 또 현 유대주의자들도, 현 개혁주의자들도 성경을 마음대로 변경하고 가감 삭제하는 그 누구도 모두가 다 '독사의 자식들' 이라는 책망의 대상임을 본 세미나에서 밝히는 바입니다.

눅 3:7 "요한이 세례받으러 나오는 무리에게 이르되 이 독사의 자식들아 누가 너희에게 일러 장차 올 진노를 피하라 하더냐"

예언과 방언의 은사에 대한 견해

1. 은사에 관한 견해

신약성경에 '은사'에 대한 헬라원어는 3가지가 있다. 1) 도리스(δύαις, 약 1:17), 2)도레아(δωρεά, 고후 9:15, 히 6:4). 3) 카리스마(χάρισμα, 롬 1:11,5,15)이다. 이 세 단어의 원뜻은 모두 '선물'(gift)이라는 뜻이다. 이들은 신약성경에서는 특히 인간의 공로에 의해서가 아니라 오직 하나님의 은총으로 말미암아 성령을 통해 그리스도 예수 안에 있는 자들에게 거저 주어진 각종 재능과 사명, 직무 등을 총괄적으로 나타내는 말로 사용되었다.

고전 12장을 통해 성령의 은사에 대한 가장 중요한 것들을 뽑아본다.

1) 모든 은사의 본질적 목적은 예수 그리스도를 믿고 구원받게 하는 것이다(12:3). 고전에는 성령의 은사를 9가지로 말하고, 롬 12장과 엡 4장에서는 12가지로 말하여 성경에 성령의 은사는 도합 21가지로 기록이 나온다. 이 21가지 은사의 본질적 목적은 하나님의 뜻을 실현시키기 위한 것이다. 내 아버지의 뜻은 아들을 보고 믿는 것이다(요 6:40).

2) 모든 은사는 더 중요하고, 덜 중요한 차이가 있을 수 없다.(12:4)

은사는 여러 가지이나 성령은 한 성령에게서 한 목적을 위해 주신 것이니 더 중요하고, 덜 중요하다고 말 할 수 없다. 어떤 은사는 굉장히 위대해 보이고, 어떤 은사는 좀 시시해 보이는 경향이 있다. 하등의 차이가 없으나 교만과 죄악 때문에 그렇게 보이는 것이다.

3) 각각 맡은 직임은 신앙의 척도도 아니고, 고저도 없다.(12:5)

직임과 직위를 계급처럼 보아서는 안된다. 어떤 직임과 직위든 봉사와 섬기기 위한 것들이다. 섬기고 봉사하는 것이 신앙의 척도와 고저가 아닌 것이다. 그러므로 어떤 직임과 직위든 감사하므로 순종할 뿐이지 명예와 신앙의 척도가 아닌 것이다.

4) 은사는 신앙의 목적이 아니라 신덕을 위한 수단인 것이다(12:7)

성령의 은사는 성도들의 신앙의 유익을 위해서 주신 선물이다. 만약 은사가 신앙의 목표라면 성경의 수많은 인물들이 어떤 은사를 가졌느냐가 초점이 있는 것 아니라 하나님 나라를 위해 말씀에 순종하며

신앙대로 사는데 초점을 맞추어져 있는 것이다. ex) 아브라함, 다윗, 솔로몬

5) 은사는 보이는 은사보다, 보이지 않는 은사를 더 귀중히 여겨야 한다.(12:8-10)

성령의 은사는 드러나 보이는 은사이다. 그러나 보이지 않는 은사가 있으니 믿음과 소망과 사랑의 은사이다. 아무리 보이는 은사가 제아무리 풍성해도 눈에 보이지 않는 은사인 '사랑'이 없으면 아무 것도 아니고, 아무 유익이 없는 것이다.

6) 은사란 인간 자신의 노력으로 얻어지는 것이 아니다(12:11)

성령님이 성령님의 뜻에 따라 각 사람에게 임의로 주신다. 그래서 선물인 것이다. 그러나 그 선물을 받았다고 그 사람의 전유물도 아니고 소유물도 아닌 것이다. 많은 사람들이 은사를 소유할려고 애쓴다. 은사를 사모하는 것 자체는 잘못은 아니다. 내 뜻대로 쓰라고 주신 선물이 아니라 하나님의 뜻을 위해 봉사와 섬기라고 주신 선물이다.

7) 성령님이 나에게 준 은사란 무엇일까요?(12:11)

모든 성도에게는 21가지 중에서도 여러 개를, 또 보이지 않는 은사는 셀 수 없을만큼 많은 은사 중에서도 어떤 분은 더 많은 봉사와 섬김을 위해 많이 준 자도 있고, 어떤 분에게는 예정하신 뜻대로 적게 주시고 한 가지나 몇 가지에 집중하도록 하신다. 목적은 예수 그리스도를

믿어 구원받게 함과 교회 덕을 위함과 이웃과 사회를 위함이다.(딤전 2:4, "하나님은 모든 사람이 구원을 받으며 진리를 아는데 이르기를 원하시느니라"

우리같은 죄인들에게는 이런 선물받을 자격이 없는데도 과분할 정도로 보이는 은사, 보이지 않는 은사로 귀중한 선물로 안겨주심에 감사드리지 않을 수 없다. 그간 알게 모르게 이 모든 은사를 나를 위해 내 뜻대로 사용된 점이 있다면 회개하고, 이제 오직 하나님의 나라와 교회와 이웃과 사회를 위해 하나님의 뜻에 따라 최선을 다해 충성, 봉사, 섬김, 베품으로 주님만을 기쁘시게 하시길 바랍니다.

2. 예언에 대한 견해

1) 예언의 종류

예언에는 두 종류가 있습니다. 예언(預言)과 예언(豫言)입니다. 한문 성경도 구분이 안 돼 있고, 한글 성경에는 둘 다 '예언'이라고만 기록되어 있어 혼선이 온 것이다.

① 예언(預言, 헬) (프로페테우오 προφητευω, 영) prophecy)은 '하나님의 계시나 뜻을 사람들에게 전한다'는 뜻이다. 구약의 예언자는 豫言者가 아니라 預言者이다. 구약의 예언자를 '나비, **נביא**'이고, 헬라어로 프로페테스, προφητης라고 한다.

② 예언(豫言, 영) (predict prediction이라는 단어))은 '미래에 있

을 일을 미리 말한다'는 뜻이다.

구약 성경 선지서들에는 예언이라는 말이 많이 나온다. 거기 예언은 모두가 prophecy를 의미합니다.(預言) 그래서 선지자들의 預言 가운데는 豫言이 포함되어 있는 경우도 많이 있기도 합니다. 그러나 그 선지자의 豫言이 아니라 하나님의 豫言을 한 것입니다. 신약 성경의 고전 12장과 14장에서는 계속해서 예언이라는 단어가 많이 나옵니다.

영어 성경을 자세히 보면 prediction(豫言)이 아니고, prophecy(預言)으로 정확하게 구분하여 있습니다. 우리 성경에서 또 다른 예로는 '사랑'이란 단어입니다. 우리 성경은 모두 '사랑'입니다. 헬라어나 영어성경은 완전 구분되어 있습니다.

사랑 ① 스톨게 στοργδή : 가족적, 동족적인 사랑 ② 휠리아 φιλία : 친구나 우애적 사랑 ③ 에로스 έρος : 이성적, 정적 사랑 ④ 아가페 άγαπη : 하나님께 속한 거룩한 '사랑' 이렇게 구분된 단어를 우리 성경은 한 단어로만 사용하니 큰 혼동이 오는 것이다.

2) 예언의 은사란 어떤 것인가?

성경에서 말하고 있는 예언의 은사는 預言을 뜻하는 것을 염두에 두어야 한다. 결론부터 말하면 현대에서는 預言은 끝났다는 점과 豫言은 존재하지 않는다는 것이다. 預言은 계시의 종결로 성경 66권 전부에 기록해 두었으니 더 이상 預言은 없으며, 豫言은 하나님과 성령님, 예수님만 할 수 있는 것이지 만약 사람이 이 豫言의 은사를 받았다는 자들이 있는데 그렇다면 100% 한번도 틀림이 없이 완벽하게 이루어지는 豫言을 계속하고 있다면 그 분이 곧 하나님이시다. 세상 지식적인 인간의 예언은 20~30%나, 어쩌다 맞는 것은 예언의 은사 받은 것이 아니고, 세상 지식적인 은사 받은 것이나 악령이나, 마귀의 은사 받은 것이나 아니면 또 혹 누구나 아는 이야기를 예언이라고 하든지, 통계학적으로 어림잡아 하는 것이 맞는 수가 있다. 그러나 그것이 성령님이 주신 예언의 은사가 아닌 것이다. 고전에서 나오는 예언의 은사는 사도 시대에 국한된 예언이다.

4C말까지는 정경이 완성되지 못해서 하나님이 일시 豫言의 은사를 주신 것 같으나 이미 豫言된 말씀이 더 많다. A.D.397년 정경 완성으로 豫言도, 預言도 종결된 것이다. 이제 더 이상의 預言이 필요치 않는 시대인 것이다.

3) 기도원이나 선배들이 준 예언을 그대로 믿어야 하는가?

계시 종결로 豫言도, 預言도 더 이상 하나님이 주시지 않는 시대인데도 기도원에 기도하러 가면 자칭 預言者들이 여러 가지로 예언해 준다. '당신은 신학 공부해서 목사가 되라', '당신은 목사 사모가 되라', '당신은 장로가 될 수 있는 꿈을 어젯밤 주셨으니 명심하라'. 이런 예언 받은 자가 혹 있거들랑 빨리 잊으세요. 다 점쟁이들이 점 쾌 대로 속이는 말이요, 무당들이 무당 굿하는 것과 같은 종류이다. 이런 것이 계속 예언되는데, 다 맞고 틀림이 없다면 하나님이 또 다른 성경을 쓰시고 계신 것이니, 66권 이외 계속 출간되어야 한다. 성령님이 우리 기도 시간에 음성으로, 잠속에서, 꿈으로 다시 우리에게 예언해 주시지 않으시니 거기에 속지 말고 성경에 맞는 말씀만 하나님의 預言이지 성경에 맞지 않는 豫言은 존재하지 않는 것이다.

3. 방언에 대한 견해

1) 방언의 종류

성경에 기록된 방언은 세 가지로 기록이 나온다.

① 다른 나라 말인 방언이 있다(외국어)

성령의 감동으로 배우지도 않은 다른 나라 말을 성령의 능력으로 하게 된다. 예수님의 제자들은 오순절 성령 강림 때 성령의 능력을 힘입어 배우지도 않은 다른 나라 말로 전도한 것이다. 오순절에 모인 15 개국 성도들께 그들 나라 말로 전해지는 말씀에 큰 은혜를 받게 된다. 예수님의 제자들은 갈릴리 어부 출신이 대다수였고, 외국어를 배울 기회가 없었다. 성령님의 능력으로 만이 가능한 것이다.

② 알아듣지 못하는 방언이 있다.

고전 14:2 "방언을 말하는 자는 사람에게 하지 않고, 하나님께 하나니 이는 알아듣는 자가 없고, 그 영으로 비밀을 말함이라"고 하였다. 그러므로 성령님이 필요에 의해(장본인께 확신 주기 위함, 듣는 이가 신기하게 느끼게 하기 위함), 혹 사람이 알아듣지 못하는 방언을 할 수도 있다. 그러나 이 방언은 통역이 없으면 교회에서는 하지 말라고 명하십니다.(고전 14:28). 통역이 없이 알아듣지 못하는 방언을 교회 안에서 계속하게 되면 말하는 자도 야만이 되고, 듣는 자들도 야만이 되고 만다. 혹 알아듣지 못하는 방언이 나에게 주어졌다면 믿음의 확신을 얻는 다음부터는 새 방언을 하던지 이미 預言된 말씀 정경으로 깊이 들어가야 신앙의 성장이 옳게 된다. 알아듣지 못하는 방언에만 머물러 있으면 영분별을 못하므로 마귀 유혹에 넘어가기 쉬워 교만과 자만에 빠져 신앙에 저해가 되고, 신앙의 열매가 없게 되고 마는 것이다.

③ 새 방언이 있다.(막 16:17)

새 방언이란 것은 성경 말씀을 새롭게 깨달아 자기 나라 말로 전하기도, 가르치기도 하는 것이다. 신령한 세계에 들어가서 하나님의 말씀을 새롭게 깨달은 것은 처음 듣는 말이요, 그 내용이 새로운 말이다. 그래서 새 방언이라고 이름을 붙인 것이다. 성경 말씀은 하나님의 말씀이라 유한된 인간은 평생 깊은 은혜의 세계, 신령한 세계로 들어가서 새로운 진리를 깨닫고, 연구하고 해도, 너무도 깊고 오묘해서 다 캐내어 알 수 없고, 완벽한 진리라고 확언할 수 없다. 그러나 성경은 완벽하고 조금도 부족된 면이 없다.

2) 일반 성도나 현대 교회에선 방언이 필요한가?

행 2장의 방언은 외국, 타국 방언이었고, 그 목적이 오직 복음 전하기 위해서 성령님이 일시 주신 것이지 제자들이 일평생 죽을 때까지 이 은사가 계속된 것은 아니다. 오늘날 현대 교회에서 행해지는 방언은 듣는 사람이 알아 들을 수 없으며, 심지어 방언을 말하는 본인도 그 뜻을 전연 모르고 그냥 하는 것이다. 이런 방언이 무슨 목적으로 현대에 꼭 필요하다고 보는가? 이제 필요치 않다고 본다. 현대 방언은 통역이 없으면 교회에 유익이 없다고 한 것을 보아 통역이 가능한 방언은 預言의 말씀이 었다고 학자들은 보고 있다.(특히 칼빈은 강하게 주장했다)

고린도전후서는 A.D.52-57년 경에 기록되었고, 요한계시록도 A.D. 100년경에 기록되었다. 신약 성경이 정경으로 채택되기에는 또 오랜 세월이 필요했다. A.D. 363년 라오디게아 회의 때 목록 수집하기 시작하여 34년간의 숙고 끝에 A.D. 397년 칸타고 회의 때 정경으로 27권이 확정되었다. 사도 시대 이후 300년간 통역된 방언은 預言의 말씀으로 정경으로 채택되었다는 것이 학자들의 공통된 견해이다. 정경이 완성된 후에는 계시가 종결된 것 같이 豫言도 종결되었고, 預言도 방언도 종결되어야 마땅하다는 견해이다. 그러므로 오늘날 성도나 현대교회에선 알아듣지 못하는 방언은 자제하는 것이 성경적이다. 현대교회에서는 외국어 방언도 종결되었고, 알아듣지 못하는 방언은 자제되어야 하며 새 방언은 많이 더 확대 재생산되어야 한다.

4. 결론

고린도교회는 성령의 은사는 충만한 교회였으나 영적으로 성장하지 못한 교회였다. 그래서 분열, 분당이 생겼으며(9:1-10, 4:21), 부도덕해서 음행 죄가 교회 안에까지 침투했으며(5장 전체, 6:12-20), 서로 싸워 세상 법정까지 고소했을 뿐 아니다(6:1-8), 주님의 성찬을 욕되게까지 하였다(11:17~34). 뿐만 아니라 저들은 부활도 바로 이해하지도, 믿지도 못했으며(15장 전체), 이런 점에서 서로 자기만 내세우는 개인주의로 자기가 받은 은사를 자랑하고 뽐내는 통로였다. 그래서 방언의 은사를 받았다고, 그것을 드러내기 위해 공적예배 시간에 소란을 피우므로 예배의 질서가 흐려지고, 혼란한 고린도교회를 바로 세우기 위하여 고린도전서를 쓰게 됐다. 그래서 바울은 방언보다는 預言을 힘쓰라고 한 것은 그 預言의 은사가 당시 고린도교회에 유용하기 때문에 더 크게 부각시킨 것이다. 여기서 預言의 은사는 하나님의 말씀이요, 그 해석이요, 그 설교라고 볼 수 있다, 그러나 방언이 통역이 되는 경우에는 듣는 이까지 덕이 되고 유익이 있으므로 預言과 다를 바가 없게 된다.

고전 14장에 들어가서 전체의 흐름은 방언 자제 쪽에 무게를 두고 기록했다.

① 신령한 것을 사모하되 특별히 예언을 하도록 하라(1절)

② 방언은 하나님께 하는 것이라 알아 듣는 자가 없고(2절)

③ 방언은 자기 덕을, 예언은 교회 덕을 세우나니(4절)

④ 방언은 통역하는 자가 없으면 예언하는 것만 못하다(5절)

⑤ 방언은 성도들에게 유익이 없다(6절, 계시, 지식, 예언에 비해서)

⑥ 방언은 뜻을 분별할 수 없음으로 알아들을 수 없다(7절)

⑦ 전쟁을 예비할 수 없다(8절, 나팔 – 전진, 후진, 식사, 취침, 집합, 휴식)

⑧ 허공에다 말하는 것과 같다(9절)

⑨ 방언은 말하는 자나 듣는 자가 다 야만이 된다(10–11절)

⑩ 방언은 통역이 반드시 있어야 한다(12–13절)

⑪ 방언으로 기도하면 자기 영은 기도하나 마음에는 열매가 없다(14절)

⑫ 방언으로 축복이나 감사할 때, 무식한 자는 '아멘' 할 수가 없다(16 17절)

⑬ 성경 깨닫고, 다섯 마디 말하는 것이 일만마디 방언하는 것보다 낫다(19절)

⑭ 방언은 복음의 세계를 접하지 못한 자들을 위해 표적이나 지금 세계는 이 복음을 못 듣고, 못 본 자 없는 시대이니 자제함이 좋고(21–22절)

⑮ 온 교회가 다 방언하면 무식한 자나, 불신자들이 볼 때 미쳤다고 한다(23절)

⑯ 다 預言하면 그들이 와서 책망도 받고, 판단을 받고, 숨은 일이 드러나므로 하님께 경배하고, 복음이 전파된다(24–25절)

바울은 누구보다 방언을 잘한 사람이다. 그러나 교회에서 가르치는 것이 더 중요하므로 바울도 자제하고 삼가게 되었다. 성령 은사 중의 하나인 방언의 은사는 성령님이 꼭 필요한 자에게 개인적인 영적 깊은 세계의 은혜 생활하도록 주신 것이다. 그러나 교회나 공적 예배나 공동체에서는 유익이 없으므로 자제하고 삼가는 것이 성령의 뜻을 위하고 하나님의 영광을 더 나타낸다고 바울은 지금까지 우리에게 설교하고 계신 것이다.

고전 15:39 "그런즉 내 형제들아 예언하기를 사모하며 방언말하기를 금하지 말라 모든 것을 적당하게 질서대로 하라"

병자를 위한 안수기도는 성경적인가?

인생에 질병이 오는 이유와 그 치료법

사람은 누구나 질그릇 같은 존재이기에 금도 가고(병이 오고) 깨지기도(죽는, 사망)한다. 사는 동안 많은 질병으로 고생해 보았으리라고 본다.

1) 자연법을 어기므로 오는 병 : 인생은 먹고, 일하고, 쉬고(자고), 적당한 체온을 유지해야 한다. 이것은 모든 인간에게 준 하나님의 철칙이다. 그런데 인간들이 스스로 하나님이 준 자연법을 잘 어긴다. 잘 먹지 않아도, 너무 많이 먹어도 병이 온다. 너무 쉬지 않아도, 즉 잠을 전연 자지 않아도, 적당한 체온 유지가 안 되면 반드시 병이 온다. 이 하나님이 준 자연법을 어김으로 온 병은 자연법으로 돌아가야만 병이

낫는데 한 번 걸린 병은 병원, 의사, 약의 도움으로 약간의 도움만 되지 근본적 치료법은 하나님이 허락한 자연법을 지키는 것이 치료의 근본이다.

2) 인생 죄 값으로 오는 병 : 하나님 앞에 죄를 지으면, 하나님의 뜻에 의해 징계로 질병과 사망과 사업실패와 여러 방법으로 징계까지 온다. 죄 값으로 온 질병은 죄를 회개하고 하나님의 사죄의 은총을 받아 예수님의 보혈로 씻어 깨끗해야만 병이 낫게 되어 있다. 죄를 짓고 있는 상태로는 수술도, 약도 효력을 발생하지 못한다.(불택자는 별도로 취급된다)

3) 성도를 연단시키기 위해서 오는 병 : 하나님의 자녀로, 하나님의 일꾼으로 바로 쓰시려고 많은 연단과 훈련을 하나님이 시키신다. 욥도 정금같이 쓰시려고 단련시킨다고 고백했다. 주의 훈련과 연단을 잘 받고 주의 뜻에 합당한 그릇이 될 때까지 참고, 인내하며 끝까지 순종해 나가야만 병을 고칠 수 있다.

4) 하나님의 영광을 위해 병이 오는 경우 : 요 9장의 나면서부터 앉은뱅이 경우는 자기 죄도, 부모의 죄도 아니고, 오직 하나님의 영광 즉 하나님이 하시고자 하는 일, 하나님이 나타내시고자 하시는 목적이 있기에 하나님의 하시고자 하는 일이 충족되거나 하나님의 영광이 된 후에나 하나님의 뜻에 합당할 때, 즉 하나님의 때가 되어야만 낫는다.

안수에 대한 정의

성경에서 안수란 다음과 같은 의미를 가지고 있다.

1) 제사드리는 자가 희생당할 동물에게 손을 얹음으로써 자신의 죄악을 그 희생 제물에게 전가시킨다는 의미(레 4:15, 24, 29,33)

2) 신성모독 자를 돌로 칠 때에 신성모독의 말을 들은 증인들이 자신들에게 임한 더러워진 인격, 죄악 등을 전가시키기 위한 의미(레 24:14)

3) 병을 고치거나 그 능력을 행할 때 예수님, 혹은 사도들이 하나님의 능력을 그 병자에게 전이, 전가시키기 위하여 (막 6:5, 행 28:8)

4) 사도들이 사도적인 권위로써 성령이 임하지 않은 지역의 그리스도인들에게 안수함으로써 그들도 성령 안에서 한 몸이 되었음을 외형적으로 나타내는 의미로(행 8:17)

5) 성직 수임 예식에게 시행한다.

결국 안수란 공통적인 분모는 무엇인가를 전가시킨다는 의미가 있다. 여기 세 번째인 병자 고침을 위한 안수는 예수님이나 사도들 같이 능력이 충만해서 그분들의 능력을 그 환자에게 전가됨을 외형적으로 나타내기 위함이었다. 즉 주님이 안수하신 중심은 주님이 치유능력의 근원이라는 것과 병자 개개인에게 자상하게 관심을 가지신 이유에서 안수하신 것이다.

안수 기도에 대한 정의

기도는 하나님께 드리는 것이다. 안수기도 역시 하나님께 드리는 기도의 일종이다. 단 손을 얹고 기도해서 우리의 능력을 전가해보고 환자로 하여금 나을 수 있다는 믿음의 확신을 얻게 하기 위한 방법이라고 본다. 그러므로 우리는 기도만 드리고 병을 나을 능력을 주시는 이는 하나님과 주님이시다. 만약 인간의 능력으로 환자 치유 목적을 갖거나 환자가 기도 후에는 병에서 놓임받을 것이라는 믿음의 확신도 우리는 기도할 뿐이고 성령님이 역사하셔서 그에게 믿음과 확신을 심어주셔야 된다.

예수님의 안수는 그 안수 자체가 능력이 있어 치유의 열매가 열린 것이 아니다. 이미 예수님은 하나님께 속한 모든 권세와 능력을 다 소유하셨기 때문에 주님의 뜻에 따라 어떤 행동도 다 전능하신 하나님의 뜻에 의해 시행하신 것이다. 그래서 말씀 한 마디로도 불치의 병이나 마귀나 귀신도 소리 지르고 나갔다. 그리고 주님이 손을 만져주시기도 하고 손을 얹어 기도하신 것은 그들에게 더 확실한 믿음을 주기 위한 주님의 특별 방법 중 하나인 것이다.

병자 치유를 위한 기도는 안수기도 해야 한다는 주장

병자를 위한 기도에 있어서 그동안 보수적 교회는 기도만 하고, 진보적 교회는 안수기도를 많이 했는데, 이 둘 중 어느 것이 더 옳고 성경적인가는 어느 누구도 명확하게 답하는 신학자도, 목회자도 없어 모든 목회자들이 자기 신앙에 따라 자기 좋은 방식대로 해나가고 있는 실정이다. 그런데 요즘은 오히려 보수적 교회가 안수기도를 많이 하는 대로 기울려지고 오히려 진보적 교회에선 그동안 안수기도 많이 해왔으나 큰 성과는 없고 오히려 많은 문제만 야기되었기에 이제는 기도만 하는 방향으로 기울려지는 현상이 두드러진다. 주객이 바꾸어진 상태이다. 안수기도 주장자들은 우리 주님도 안수기도했고, 많은 사도들과 믿음 좋은 분들이 안수기도해서 병자가 완치되는 현장을 보았고, 축복을 위해서는 요셉의 자녀들을 위하여 야곱이 시행하였고, 예수님도 어린 아이들에게는 많이 사용하셨다. 아나니아는 바울에게 안수기도하여 보게 되었고, 바울도 멜리데 섬에서 보볼리오의 아버지를 안수하여 치유하였다. 성경에 꼭 안수기도 하라는 성경은 없다. 그러나 막 16:18에 "병든 자에게 손은 얹은즉 나으니라" 하는 성경이 유일하게 우리에게 안수의 당위성을 가르쳐주고 있다고 주장한다.

병자를 위해 기도할 때 안수는 하지 말아야 한다는 주장

우리는 병을 고치는 장본인이 아니다. 장본인은 하나님과 예수님 그리고 성령님이다. 우리는 보조자요, 도우미 성격의 일군이다. 우리 기도자들은 중보자 예수님을 통하여 하나님께 기도하는 것 뿐이요,

그 결정권을 가지신 분은 오직 하나님이시다. 하나님이 낫게도 하시고 낫지 않게도 하신다. 즉 하나님의 뜻이면 기도만 해도 낫고, 성경 말씀만 읽어주어도 낫고, 찬송가만 불러주어도 낫는다. 그러나 하나님의 뜻이 아니면 우리가 어떤 특별한 방법을 다 동원해서 행해도 절대로 낫지 않는다.

'나에게 안수 받으면 다 낫는다'든지 '내 기도만 받으면 다 낫는다' 이 말은 100% 거짓말이다. 왜냐하면 그분이 하나님이 아니기 때문이다. 그 기도나 안수 기도의 최종 결정권이 하나님께 있지 기도자나 안수기도자에 있지 않기 때문이다. 우리 기도자는 겸손하고, 겸허하게 하나님께 진심으로 간구하면 하나님이 하나님의 뜻에 따라서 그 일을 행하신다. 이미 하나님의 뜻이 있다면 '그럼 기도할 필요 없지 않느냐?'고 질문하는 자도 있다. 그러나 우리가 기도하는 것도 하나님의 뜻에 의해 하는 것 뿐이지 하나님이 기도하라고 하셨기에 순종할 뿐이지 병이 나았다고 우리가 큰 일 한 것처럼 어깨에 힘줄 필요 없고 (왜, 하나님의 뜻대로 한 것 뿐이니) 도리어 그 영광을 하나님께 돌려야만 하고, 낫지 않았어도 하나님의 뜻이니 감사와 찬양만 하나님께 돌리는 것이 우리의 의무이다.

우리 신학계의 거장인 박윤선 박사는 그의 공관복음 주석에서 "안수를 남용하고 오용하는 일이 오늘날 교회에 많이 있다. 안수는 영력으로 참으로 남을 도와 줄 수 있는 자라야 하는 것이 마땅하다. 그것은 그만큼 신중히 해야 할 일이다. 보통 목사들은 겸손한 의미에서 또한 신령한 능력을 존귀히 여기는 의미에서 안수 기도하기를 삼가야 한다." 도리어 병자를 위하여 기도할 때에 안수하지 않는 것이 실수를 피하는 지혜라고 할 수 있다"(공관복음주석 p578) 한국 교회에 많은 피해 사례를 보시고 말씀한 것이다.

한국의 무당협회에서 귀신을 내쫓는 방법을 공식 발표했다.

1) 적대법(구타, 경악, 위협, 출혈, 봉박) 2) 의타법(주부, 차력) 3) 기교법(오감, 유양, 접축과 차단) 4) 기타 (광면, 매매) 등 다양한 방법으로 귀신을 나가게 할 수 있다.(카논 주석 4권 p106)

이 방법들 중 일부를 한국교회 안에서도 써먹는다. 기도원이나 안수기도로 귀신 내쫓는 자들이 다 사용하고 있는 방법과 많이 흡사하다. 그러므로 그동안 한국교회에 안수기도, 귀신 내쫓는다는 구실로 얼마나 많은 문제들이 발생하지 않았는가?

예수님이 변화산에서 내려오시니 산 밑에서 귀신들린 아이를 예수님의 9 제자에게 데리고 와서 고쳐주길 간구했으나 능히 고치지 못했다. 예수님이 오셔서 꾸짖으시니 귀신이 나가고 간질병도 치유되었다. 예수님의 제자들이 조용히 물었다. 어찌하여 우리는 쫓아내지 못하였나이까 하는 질문에 주님은 두 가지로 대답하였다. 첫째는 믿음이 작은 까닭(마17:20), 둘째, 기도(막9:29)라고 답변하셨다. 우리의 병자 치료 방법은 오직 믿음과 기도뿐이지 다른 것으로 이런 류가 나갈 수 없다.

예수님이 병자 치료시 행하신 사례 분류한다면

신약의 사복음서에서 예수님이 병자를 치유하신 것은 총 47건이 나온다. 그러나 실제로는 25건인데 복합적으로 기록한 사건들도 있고 단독 기록으로도 12건이 나온다. 25건을 분류하자면 다음과 같다.(총 47건을 다 기록 분류해 보았다.)

1) 말씀만 하셔서 고치신 사건들 (총12건)

① 요 4:46-54, 갈릴리 가나 왕의 신하 아들 "네 아들이 살아있다"

② 요 5:1-9, 38년 병자에게 "일어나 네 자리를 들고 걸어가라"

③ 막 1:23-28, 가버나움 회당, 더러운 귀신들린 자 "예수께서 꾸짖어 잠잠하고 나오라" (눅4:31-37)

④ 마 9:2-8, 가버나움, 네 사람 들 것에 메고 온 중풍병자 "네 죄사함을 받았느니라" (막2:1-12. 눅5:17-26)

⑤ 마 8:5-13, 백부장의 하인 "다만 말씀만 하옵소서" 요구에 "네 믿음대로 될지어다" (눅7:1-10)

⑥ 눅 7:11-15, 죽은 과부의 아들 살린 일 "청년아 내가 네게 말하노니 일어나라"

⑦ 마 8:28-34, 가다라 지방 두 귀신 들린 자 "돼지떼에게 가라 명하므로" (막 5:1-20, 눅 8:26-39)

⑧ 마 15:21-28, 가나안 여인의 딸, "네 믿음이 크도다 네 소원대로 되리라" (막 7:24-30)

⑨ 마 17:14-18, 간질 귀신들린 소년, "꾸짖으시니 귀신이 나가고" (막 9:14-29, 눅 9:37-43)

⑩ 요 11: 17-44, 죽은 나사로, "나사로야 나오너라"

⑪ 눅 17:11-19, 열 문둥병자 "가서 제사장에게 보이러 가다가"

⑫ 눅 13:10-14, 18년 귀신들린 여인 "여자여, 네가 병에서 놓였느니라"

2) 안수만 시행하신 사건 (총2건)

① 막 8:22-26, 벳새다에서 소경 "눈에 침을 뱉으시고 안수하시고"

② 마 8:14-15, 베드로 장모 열병 "손을 만지시고 고치셨더라" (눅 4:38-39, "꾸짖어 낫게", 막1:29-31 "손을 잡아 일으키시니")

3) 말씀과 안수를 겸하여 행하신 사례 (총5건)

① 마 8:2-4, "손을 내밀어 그에게 대시고"와 "내가 원하노니 깨끗함을 받으라"(막1:40-42, 눅 5:12-14)

② 마 9:23-26, 죽은 야이로의 딸 "손을 잡고 일으키시며 달리다굼 하시니 "(막 4:21-32, 눅 8:40-56)

③ 마 9:27-32, 두 소경, "그들의 손을 만지시며 너희 믿음대로 되리라"

④ 막 7:31-37, 귀먹고 어눌한 자 "그의 혀에 손을 데시며 에바다 하시니"

⑤ 마 20:29-34, 소경 거지 바디메오 마태-그냥 눈을 만지시니 곧

보게 됨,

막 10:46-52 과 눅 18:35-43, 보기 원하노라 "가라 네 믿음이 너를 구원"

4) 그냥 능력으로 시행하여 치유하신 사례 (총6건)

① 막 5:25-34, 12년 혈루증 앓았던 여인 "예수의 옷 가에 손만대도 낫는다."

(마 9:20-22, 눅 8:43-48)

② 마 12:9-13, 한편 손 마른 사람 "손을 내밀매 곧 나음이라" (막 3:1-6, 눅 6:6-11)

③ 마 12:22, 귀신들려 눈 멀고 말 못하는 병자 "예수 고쳐주시매" (눅 11:14-23)

④ 마 9:32-33, 귀신들려 말 못하는 사람 그냥 귀신이 쫓겨나가고

⑤ 요 9:1-7, 나면서 소경된 자 "실로암 가서 씻으라"

⑥ 눅 14:1-6, 수종병든 자 "데려다가 고쳐주시니"

예수님의 치료방법을 살펴보니, 거의 말씀으로 고치셨고, 유일하게 2)번 ①번만 안수하셨다고 기록이 나올 정도이다. 정확히 나누면 25:1이다.

그리고 3)번의 안수와 말씀의 병행 치료 사건들, 5사례의 안수는 우리가 생각하는 안수가 아니라 기도와 말씀하시고 자연스러운 행동을 하신 것이다. (예: 손을 잡아 일으키시고 등등)

이런 분류를 통해서 우리 주님의 치유 능력이 안수함에 있지 않고

하나님의 권능에 있음을 알 수 있다. 그렇다면 우리는 하나님의 권능에 의지해야만 치유의 능력을 행할 수 있게 된다. 그렇다면 우리는 진정으로 기도할 뿐이요, 그 권능과 능력을 허락하실 분은 오직 하나님 한 분 이시다.

우리의 그 어떤 행위로나 행동으로는 불가능할 것이요, 오직 그 하나님이 허락하여야만 가능하다. 예수님의 치유 행사에도 어떤 물품, 약, 외적행위에 의한 것이 아니고 거의 말씀에 의해 시행되었다고 본다. 말씀으로 아무리 심각한 불치병도 심지어 죽은 사람까지 살려내신 것이다. 그리고 치료를 위해 어떤 행동을 취하실 경우에도 그 행동이 치유의 효력과는 직접적인 관련성이 없고, 그 환자의 믿음의 확신을 주기 위한 행위였던 것이다.

결론

예수님은 병을 고치는 능력이 있었다. (눅5:17) 그 능력의 원천은 당시 유대 사회의 논란의 대상이 되었다. (마12:28,막3:22,눅11:20) 병을 고치는 것은 주의 은혜가 이미 시작된 것이다.(마11:5,눅 4:19) 주께서는 모든 병과 모든 약한 것을 고치는 권능을 제자들에게도 주셨다.(마10:1) 그래서 제자들도 질병을 치유하였다. (막6:13) 이는 하나님의 왕국이 도래했음을 증거하는 표적이다. (눅 10:9. 행 2:16-21)

현대의 병자들을 위한 안수기도는 ‘인생에 질병이 오는 이유와 그 치료법' 에서 ① 자연법을 어김으로 오는 병 ② 인생 죄 값으로 오는 병에만 해당되나 안수기도의 그 처방전은 매우 적은 희소가치에 불과하다. ③ 성도를 연단시키기 위해서 오는 병과 ④ 하나님의 영광을 위해 오는 병에는 안수기도가 전혀 해당사항이 아니다.

'안수에 대한 정의' 에서 3번 병자를 고치기 위해선 예수님이나 사도와 같은 능력 많은 이들이 하나님의 능력을 전가시키는 행동으로 안수기도를 한 것이다. 오늘날은 하나님의 능력을 전가시키는 방법이 안수기도에 있지 않고 하나님의 말씀(복음)을 듣고, 믿고, 순종하는데서 능력 전가가 가능한 것이다.

[예: 베드로는 그의 그림자만 덮여도 (행5:15), 바울은 그의 손수건, 앞치마 병자에게 얹으면 나으니라 (행19:12)]

'병자 치유에 안수기도 주장' 에서 막16:18을 들어 당위성을 주장한다. 막 16:17-18 "믿는 자들에게는 이런 표적이 따르리니 곧 그들이 내 이름으로 귀신을 쫓아내며 새 방언을 말하며 뱀을 집어 올리며 무슨 독을 마실지라도 해를 받지 아니하며 병든 사람에게 손을 얹은즉 나으니라" 여기서 마지막 부분에 안수기도에 대한 것이 나온다고 주장하며 강조한다. 그렇다면 한 절 안에 있는 "뱀을 집어 올리며"와 "무슨 독을 마실지라도" 이 두 부분도 사실 실제적으로 지키란 말인가? 두 구절이 실제적 해설이 아니라면, '손을 얹은 즉' 도 실제적 해설로 하면 안 된다. 영해로 하는 것이 옳은 해석학적 접근 방법이다.

그리고 예수님이 시행했으니 우리도 해야 한다는 주장도 재고해야 한다. 예수님의 행위를 따라해서는 안 될 것들이 있다. ① 어머니를

"여자여"라고 말씀하신 것, ② "독사의 자식들아" 하셨다고 교인들을 향해 우리도 할 수 있는 말인가? ③예수님이 제자들 발 씻겼다고 우리도 세족식을 할 수 있는가? ④ 예수님이 안수했다고 우리도 안수해서는 안 된다. 그 이유로 '예수님의 병자 치료 때 행하신 사례 분류' 에서 보이듯 치유사건 총 47건이 사복음서에 나온다,' 12건은 단독 기록이고, 35번은 중복기록이다. 안수해서 고치심은 단 한 번 나온다. 전체적인 예수님의 치료방법은 말씀으로 고치셨음을 증명할 수 있다. 그 한 번 치유방법을 꼭 따라해서는 안 된다.

우리는 기도할 뿐이요, 오직 하나님이 우리 기도를 들으사 하나님의 뜻대로 해주시리라고 믿고, 이 믿음을 가진 우리는 안수기도보다 하나님이 받으실 기도에 충실해야 한다. 과연 나의 기도는 하나님이 인정하시고, 받으시는 기도를 드리고 있는가? 병자를 위한 안수기도는 성경적이 아니라고 결론을 내린다,

세례요한에 대한 연구

요한의 아버지는 제사장 사가랴였고, 어머니는 마리아의 친족 엘리사벳이었다. 신약에 등장하는 많은 사람 가운데 가장 수수께끼같은 인물이다. 누가복음에 나타난 요한의 탄생 기사는 이삭의 출생과 매우 유사한 점이 많다. 아브라함과 사라처럼, 사가랴와 엘리사벳 역시 늙어서도 자식을 두지 못했었다. 그러나 하나님의 특별한 은총으로 요한과 이삭 역시 천사가 출생을 예고한대로 태어났다. 요한은 포도주와 독주를 마시지 않고 자란 나실이었고, 모태에서부터 성령충만한 모습을 보여준 것도 천사 예고대로 그대로였다. 그리고 요한은 선지자 엘리야의 심령과 능력으로 주의 오심을 전파하고 준비할 것이라고 알려주었고 태어나기 전부터 이름까지 지어진 점을 예수님과 똑같다.

요한은 여러 면에서 독특한 인물이다.

제사장의 가정에서 태어나 부유했는데도 낙타 털옷과 가죽 띠를 차고다님으로 외모로는 엘리야의 모습이었다. 먹는 것은 메뚜기와 석청으로 가난한 자를 체휼하시는 주님의 모습도 많이 닮았다. 당시 유대교의 득세 시대이나 요한은 특수하게 예수 그리스도만 전하면서 바리새인들과 사두개인들을 '독사의 자식'이라고 신랄하게 비난할 만큼 그의 권위는 대단했고 온 백성은 공감하게 되었다.

요한의 메시지는 단 세 가지였다.

1) 그는 메시야의 오심과 하나님 나라에 대하여 설교 하였고 2) 하나님의 진노를 피할려면 회개의 세례를 받으라고 강조하였다. 3) 예수 그리스도가 메시야라고 확고하게 증거하였다. ① 세상 죄를 지고가는 하나님의 어린 양(예수 그리스도)을 보라 ② 나는 물로 세례주지만 예수 그리스도는 성령과 불로 세례를 준다. ③ 손에 키를 들고 타작마당을 정하게 하시는 심판 주 예수 그리스도 ④ 나보다 전에 계셨던 창조주 예수 그리스도 ⑤ 그의 신들메 풀기도 감당치 못한다고 증거했다.

요한의 겸손은 극치에 달한다.

네가 그리스도냐, 나는 그리스도가 아니다. 네가 선지자냐, 나는 사무엘 같은 선지자가 아니다. 네가 엘리야냐, 아니라고 대답했고, 그러면 너는 누구냐, 나는 주의 길을 예비하러 온 광야의 외치는 자의 '소리'라고 말하고 그(예수 그리스도)는 흥해야 되고, 나(요한)는 쇠해야 한다고 했다.(가만히만 있으면 그리스도로, 선지자로, 엘리야로 인정받을 수 있을 정도로 훌륭했다) 더구나 예수님에게 세례까지 베풀 때, 하늘에서 하나님의 음성을 직접 들었고, 성령님이 비둘기 모양으로 임재하시는 그 이가 메시야라고 알려 주셔서 정확히 예수 그리스도는 메시야임을 보고 듣고 믿게 된 요한이었다.

요한은 불의와 죄와는 타협을 모르고 오직 믿음으로 산 생애였고 그 증거가 마지막 순교로 증명해 보였다.

요한은 헤롯 왕의 불륜 결혼을 강직하게 비난했다. 결국 하나님의 말씀을 강직하게 전하므로 순교 당하게 된 신앙의 위인이었다,

그런데 우리가 마 11:2-19과 눅 7:18-35을 읽고 크게 실망하고 어처구니 없는 대목이 나온다. "오실 그이가 당신이오니까 우리가 다른 이를 기다리오리이까?"하고 제자들을 보내 예수님께 직접 질문하신 대목이다. 기록이 잘못된 것 인줄은 알 수 없으나 그간 세례 요한의 범죄, 허점, 실수를 거의 접해보지 못했는게 갑자기 성경 두 곳의 엄청난 질문 앞에 우리는 매우 어리둥절하다. 과연 세례 요한은 시험이 들게 되어 그간 보여준 믿음과 증거와 설교를 다 뒤집어 버렸는지, 아니면 제자들이 스스로 가서 물어보면서 세례 요한이 보내서 온 것처럼 요한이 직접 묻고 오라는 식으로 위장하여 질문한 것인지 아마 그의 제자들은 선생(요한)을 특별히 돌보아 주시기를 부탁드리려는 충정에서 예수님을 만나러 간 것이나 비화나 와전된 것은 아닌지 아주 궁금하다.

많은 주석가, 유명한 신학자들은 세례 요한이 일시 신앙의 잠이 들었다고 한 목소리를 내고 있다. 그가 신앙의 잠이 들어서 예수 그리스도에 대한 모호하고 몽롱한 가운데 일시 착각을 일으킨 것 같가는 것이다. 즉 세례요한은 예수님이 심판주로 오신다는 것을 증거했기에 범죄한 헤롯 왕(여우)을 당장 심판하시고 요한 자신을 감옥에서 즉시 건저 주시고 하나님 나라를 이 땅에 건설한 메시야로 알았는데 오히려 악의 축들은 더 기고만장하고 요한은 외로이 오래 동안 감옥 생활하는데도 한 번도 찾아오서서 격려나 위로, 소망의 말도 없고, 면회조차 오시지 않으니 메시야를 의심하게 된다는 것이다. 오랜 고생으로 심신도 허약해졌고, 정신도, 믿음도 쇠약해졌다는 것이다.

첫째 주장, 세례 요한의 신앙이 잠시 잠들었다고 주장하는 견해

1) "의인은 없나니 하나도 없으며"(롬 3:10), 이 땅에 하나님과 예수님 이외는 "다 거짓되되"(롬 3:4) 인간은 다 전적부패한 죄인들이며, 오직 하나님만 참되시다고 말씀과 같이 요한도 마찬가지이다.

2) 요한의 질문(마 11:3, 눅 7:19) "오실 그 이가 당신이오니까?"한 것이 너무 확실하기에 성경에 그대로 기록했고 축자영감설에 의해 성경에 기록된 말씀은 일점일획도 틀림없기에 기록되었다는 것이 기독교의 전통적 해석법이다.

3) 요한의 질문에 오류가 있다면 유기적 영감설(성령님이 성경 기

자들의 모든 것을 동원하여 기록하시되 오류가 없이 기록했다는 학설)에 반하므로 요한의 질문이 맞다는 주장이다.

4) 주석 책 거의 100%가 요한의 실수에 의한 시험들었다고 기록하고 있으며 신학자들도, 설교가들도, 기독교 전통적 해석도 이 견해를 지지하고 있다.

둘재 주장, 세례 요한의 제자들이 질문하였다고 주장하는 견해

1) 요한의 신앙고백과 신앙생활 전반을 볼 때 요한은 시험 들리 없다는 것이다.

만약 요한이 의심이 생기고 신앙의 잠이 들어 그리스도를 의심했다면 세례 요한이 그동안 예수 그리스도를 메시야로 증거한 말씀과 그의 설교나 증거가 다 신빙성이 없고, 그의 근검 절제한 생활이 위선이 아닐는지 알 수 없다. 일시 잠든 자가 순교로 죽기까지 할 수 있을가? 시험들정도의 믿음이라면 자기 생명 귀한 줄 모르겠는가? 헤롯 왕과도 평소 좋은 관계를 유지했다. 막 6:20 "헤롯이 요한을 의롭고 거룩한 사람으로 알고 두려워하여 보호하며 또 그의 말을 들을 때에 크게 번민을 느끼면서도 달게 들음이러라" 이 정도의 사이니 헤롯왕이여 내가 잘못했으니 (아무리 잘못했어도 아무도 모르게 왕에게만 말해줄 일인데 공식석상에서 발표한 것은 내 잘못이요) 나 좀 용서하고 석방시켜 준다면 다시는 그 문제 언급하지 않겠소 하면 능히 살 수 있었을 것이다. 그러나 요한은 자기의 신념이나 신앙 진리에 대하여 절대 굽히지 않고 끝까지 주장하다 순교한 자가 신앙의 잠에 들 수 없다는 것이다. (우리같이 쉽게 시험들 수 있는 자는 순교자가 될 수가 없다.)

2) 예수님의 세례요한에 대한 평가는 책망은 없고, 칭찬만 하셨으니 시험들리 없다.

① 너희가 무엇을 보려고 광야에 나갔더냐?

② 너희가 바람에 흔들리는 갈대냐?

③ 부드러운 옷 입은 자나 화려한 옷, 사치한 옷 입은 자 보러 갔느냐(헤롯 왕궁에나 그런 사람이 있다)

④ 선지자보다 나은 자니라

⑤ 내 앞의 사자로, 오실 엘리야로(말 3:1) 예언했던 장본인이다.

⑥ 여자가 나은 자 중에 이보다 큰 자가 없다고 칭찬만 하셨다.

모든 인간 중에 이보다 큰 자가 없다고 예수님은 요한에 대해서는 정확히 말씀하셨던 것이다. 의심이나 신앙의 잠이 들었거나 의기소침해서 요한이 죄를 범했는데도 주님이 한 마디의 지적이 없이 칭찬만 하셨다면 여기에도 문제는 더 심각한 문제가 제기될 수도 있다. 그러니 주님의 칭찬 속에는 요한은 제자들같이 시험들리 없다는 증거로 말씀하신 것이다. 예수님의 세례요한에 대한 설교를 가만히 듣고 있노라면 세상 사람들은 다 요한을 인정하지 않을지라도 예수님은 적극적으로 인정하시고 그를 칭찬하신 동시에 도리어 요한의 제자들은 가고 없는데 그 요한의 제자들을 향하여 또 거기 있는 무리들을 향하여 책망하신 것이다. 주님이 인정하실 때에는 중심이 범죄하지 않았다는 증거가 아니고 무엇이겠는가?

3) 요한 자신이 광야의 외치는 "소리"라고 증거했다.

소리는 증거하고 흔적조차 찾기 어렵다. 요한은 원래 예수님의 그림자로서의 사명, 예수님의 길을 닦는 선구자로서의 사명, 예수님의 메시야 증거자로서 소리의 사명을 충실히 완수했다. 우리같이 대가성을 바란 사명이 아니고 언제나 예수님만 나타내 보이고 자기는 사라지는 자로 나타내셨다. 그래서 그의 제자들이 예수님의 제자가 되고, 예수님을 따른다는 말을 듣고도 "그는 흥해야 되고 나는 쇠하여야 하리라" 언짢아 하거나, 괴로워 하거나, 아쉬워 하는 기색이 없었다. 그런 분이 신앙이 잠들어 있겠는가?

4) 요한은 일생을 나실인으로 살았기에 우리같이 시험들리 없다고 본다.

전 생애가 나실인으로 하나님과 동행하며 산 요한의 신앙이 잠을 잘 리가 없다. 요 10:41 "많은 사람이 왔다가 말하되 요한은 아무 표적도 행하지 아니하였으나 요한이 이 사람을 가리켜 말한 것은 다 참이라 하더라" 얼마나 도덕적으로 윤리적으로 신학적으로도 흠잡을데 없는 사람임이 증명되고도 남는다.

5) 어머니 뱃속에서부터 성령충만했고, 나실인으로 성령충만한 생활을 했고, 예수님도 세례 베풀어준 그가 우리같은 신앙과는 다르다.

결론을 맺고저 합니다.

다른 사람들의 신앙으로는 세례요한이 신앙의 잠이 들었다느니, 시험에 빠졌다느니, 의기소침해서 일시적으로 잠깐 넘어졌으나 다시 정신차리고 돌아섰다는 것이다. 그러나 나는 기도하는 중에 세례요한을 두고 묵상하는 동안에 세례 요한이 그럴리 없다고 믿어져서 알리고저 이 연구를 발표합니다. 그의 모든 출생의 비밀부터 죽기까지 행적에서 아무 흠을 잡을 수가 없다. 그래서 나는 그의 제자들의 소행으로 보고 싶다.

축자영감설에 저촉된다는 것은 사본이나 원본이 하나님의 말씀대로 일정일획이 틀림없는 것이지 우리의 번역본에서는 다소간의 이해를 위해 노 쉽세 일리기 위해 저촉된 것이 있을 수 있다. (말구유가 아니라 양구유, 뽕나무가 아니라 돌무화과 나무). 또한 유기적 영감설의 저촉된다는 것도 성령 기자를 통해 완벽한 성경으로 우리게 주셨으나 오랜 세월 필사와 구전과 번역하는 단계에서 다소간의 저촉된 것이 발견되기도 한다. (입다의 딸 서원 번제로 드려짐이 아니라 성막 봉사자로 드려졌다는 것과 같은 것, 여기 "죽었다"가 3번 나왔으나 그것은 의역이지 사본과 원본에는 없다는 말이다.)

세례요한보다 그의 제자들이 안타까운 선생님의 처지를 이해하지 못해서 과도한 충성심에서 저질렀을 것이다. 선생님(요한)은 너무 고생하는 것을 볼 수 없었고, 많은 제자들은 다 흩어지고 대다수는 예수님의 제자가 되었으며 메시야라는 예수님은 아무 언급도 없으시고,

너무 답답한 나머지 선생님께 자초지종을 질문하니, 요한은 너무 어처구니가 없고, 대꾸하고 자세히 가르칠 기력도, 힘도 없으니 너희들이 예수님께 가서 직접 물어보라는 것이 마치 세례요한이 스스로 제자를 보낸 것같이 와전된 것 같다.

세례요한의 작은 실수라면 제자들을 끝까지 설득하고 가르치면서 내 사명은 예수 그리스도인 메시야의 길을 닦는 것으로 만족하다. 이만큼 일한 것으로 만족하다. 이만큼 일한 것도 너무 감사하다 하면서 예수님께 제자들을 보내지 말아야만 했던 것을 그는 심신이 너무 지쳐 있는 상태였으므로 예수님께 보낸 것이 옥의 티가 된 것이다.

예수님의 족보에 관한 연구

"예수님의 족보가 어찌 마태와
누가는 전혀 다르게 기록되었을까요?"
(마 1:1-17, 눅 3:23-38)

신약성경을 펼치자마자 마태복음의 첫 문장에는 예수님의 족보가 나온다. 예수님의 선조들 42명의 명단이 지루하게 펼쳐진다. 여기에 비슷하게 누가도 예수님의 족보를 기술했는데 많은 대조가 되고, 많은 부분이 서로 맞지 않는 난제로 성령님의 조명으로 잘 이해되리라 믿는다.

두 족보가 서로 다른 이유는 보는 각도가 다르고, 기록된 목적이 다르고, 여러 가지 서로 다른 여건에 의해서 서로 다르게 기록되었으나 서로가 서로를 보충하고 더 자세하게 잘 설명해 주기 위한 성령님의 조명으로 보인다. 마태는 유대인, 누가는 이방인이라는 수신자의 차이점과 최고의 조상을 마태는 아브라함으로 정했으나 누가는 거슬러 하나님까지 올라가 정했다. 기록 목적은 마태는 아브라함과 다윗의 왕통을 이어받은 왕으로써 그리스도를 소개했고 누가는 첫 사람 아담까지 소급하여 인자로써의 예수를 소개하였다. 그래서 기록방법도 마태는 아브라함으로부터 하향식으로 2,000년간 14대씩 3기로 42인을 등장시켰고, 누가는 요셉으로부터 상향식으로 4,000년간 모두 77세대를 등장시켰으니 2,000년이나 더 많은 기간을 기록한 누가에게 등장인물도 수가 많아 진 것이다.

기록된 책 위치도 마태는 서두에, 누가는 예수님의 공생애 시작과 관련된 부분에서 기록하였고, 족보의 중요관점도 마태는 그리스도가 구약에서 줄곧 예언된 메시야임을 강조하였고, 누가는 예수 그리스도가 유대인뿐만 아니라 온 인류의 메시야임을 강조하는데 중요 역점을 두었다.

양 족보의 가정 기준은 마태는 요셉 가정을 중심해서 기록했고, 누가는 예수님의 어머니 마리아 가정을 중심으로 했으나 마태에는 여성이 5명이나 나오나 누가에는 마리아 조차도 기록되어 않고 요셉으로 대체하면서 여성의 이름이 한 명도 나오지 않는 특징도 있다.

두 가정의 분기점은 다윗 가정에서 요셉 가정으로 분리된다. 마태는 하향식이니 이새→ 다윗 → 솔로몬→ 르호보암으로 내려오고 누가는 상향식이니 나단 → 다윗 → 이새로 올라가면서 기록되었다. 결국 예수님의 친가나 외가나 다 다윗의 가문이요, 요셉 가정은 솔로몬으로, 마리아 가정은 나단 가정으로 분리되어 내려온 셈이다.

예수님의 족보 속에서도 우리가 발견해야 할 영적 교훈을 붙들고 읽어내려 가야한다.

1) 하나님의 예언은 반드시 이루어진다는 사실입니다.

메시야 예언을 아담에게(4천년 전), 아브라함에게(2천년 전), 다윗에게(1천년전), 이사야에게(7백년 전), 요셉과 마리아에게(10달 전) 이처럼 여러번 예언한 것이 그대로 반드시 이루어 진 사실을 확증해 주고 있는 것이다.

2) 인생은 오고가고 변천되어가는 역사이나 하나님의 뜻과 섭리와 경륜은 변함이 없이 그대로 이루어 나가시는 하나님의 섭리가 발견된다.

3) 그 많은 사람들 가운데서도 믿음으로 선을 행하는 자들에게는 은혜와 복을 베푸시고 악을 행하는 자들에겐 징벌과 화를 내리시는 권선징악의 하나님임이 증명된다.

4) 구원의 보편성으로 혈통으로나 민족으로 구원시켜주심이 아니요, 오직 예수 그리스도 구속 원리에 의해 믿는 자는 구원시켰으니 여인도 5명(다말, 라합, 룻, 밧세바, 마리아) 이방인들도 3명(다말, 라합, 룻), 죄인 수십 명(죄인이지만 회개시켜 용서하셔서 구원시켰다) 엄밀히 말해서 전부가 다 죄인이었으나 믿는 자는 다 구원시켜 주셨다.

5) 세상 족보는 과장과 허위의 장식물이므로 장점은 너무 과장하고 허점과 단점은 은폐해버리기 일쑤이니 예수님의 족보는 사실 그대로(이스라엘 민족의 치욕적 포로 생활 사건, 시아버지와 관계된 유다 사건, 기생과 관계, 첩 기타) 하나도 숨기지 않은 것은 성경이기 때문인 것이다.

6) 이스라엘 민족의 가장 치욕적이고 수치스러운 역사인 애굽에서

의 노예 생활, 바벨론 포로 생활까지 족보에 기록할 필요가 없는데도 기록한 것이 아무리 하나님의 백성이요 택한 민족이라고 해도 범죄하면 벌을 내려서라도 회개시키는 하나님임을 보여준 것이다.

7) 주의 족보 중에는 계대 결혼의 자취도 보여준다. 그래서 낳은 아들은 전 남편의 자녀로도 기록하며 동생의 자녀로도 기록할 수 있으니 영적으로 전도해서 살려 놓은 자도 부모가 될 수 있고, 육신의 부모도 될 수 있음을 보여준다.

8) 구약의 수많은 믿음의 선지들의 역사가 오직 예수 그리스도가 이 땅에 오시는데 사용됨과 같이 오늘날 존재하는 모든 사람도 하나님의 뜻을 이루기 위한 오직 예수님 한 분만 위해 존재하고 있다는 사실을 깨닫고 믿어야 할 것이다.

9) 예수님 이후 우리 세대는 예수님 안에 성취의 때가 도래했으나 오직 이 복음과 진리 안에서 성취해 나가는데 우리 모두 기계로, 도구로 사용되고, 이용되어 주의 뜻이 속히 성취되길 소원해야 된다.

10) 예수님의 족보는 너도 이 족보에 참여한 자로써(하늘나라에 새로운 족보가 있음) 네 후대(육적 영적 자녀)에 많은 자녀손을 낳아 주의 족보에 참여시키는 하나님의 자녀로 하나님의 가정으로 긍지와 소망 속에서 살아야 된다.

이러한 오묘하고도 무궁무진한 하나님의 섭리와 경륜이 숨어 있는 예수님의 족보를 읽을 때마다 이런 많은 영적 교훈에 감격감사하면서 남은 생애를 주를 위해 살겠다는 결심과 결단이 저절로 고백되어지는 성도가 되어야 한다.

"예수님의 족보는 낳고 낳고 읽다보면 지루하고 무의미하고 아무 소용없는 것 같았는데 이 속에 숨어있는 진리와 하나님의 섭리와 경륜에 감격하여 마태와 누가복음에 나온 족보가 외형상 큰 차이가 있어 전혀 다를 줄 알았는데 자세히 살펴보니 더 보충하고 설명해주기 위해 서로 다르게 편집하신 성령님의 뜻에 감사드리며 난제라고 덮어두시 말고 더 깊이 연구하고 믿으시길 바랍니다."

양 족보의 비교분석도표

마태복음	구분	누가복음
1:1-17	성경본문	눅 3:23-38
유대인	수신자	이방인
아브라함	최고조상	아담 위 하나님
하향식	족보형식	상향식
아브라함과 다윗의 왕통을 이어받은 왕으로써의 예수 그리스도를 소개하는데 목적이 있다	기록목적	첫 사람 아담까지 소급하여 올라가 모든 인류의 구원자로써 인자되신 예수 그리스도를 소개하고 있다.
2천년에 42세대	년한 및 등장 세대	4천년에 77세대
요셉 가정	가정 기준	마리아 가정
마태복음 서두에	책의 위치	예수님의 공생애 시작과 관련된 부분의 첫 부문
예수 그리스도는 구약에 줄 곧 예언된 메시야임을 강조하였다	중요 관점	예수 그리스도는 유대인 뿐만 아니라 온 인류의 메시야임을 강조하였다.
이새(다윗) 솔로몬 →	두 가정의 분기점 다윗을 중심으로 두 가정이 갈라졌으니	나단(다윗) 이새 →
여성 5명(다말, 라합, 룻, 밧세바, 마리아) 이방인 3명(다말, 라합, 룻)	여성 및 이방인 적용	여성 이름이 전혀 없고(마리아도 요셉으로) 이방인의 이름도 전혀 나오지 않는다
야곱(요셉의 법적 아버지) 법적 계보이다	(요셉의 아버지를 기준한) 족보계보	헬리(요셉의 장인) 실제적 계보이다

모세 사후의 기록은 누가 기록하였을까요?

"모세가 이 율법의 말씀을 다 책에 써서 마친 후에"(신 31:24)

위의 말씀을 들어 신 31:24까지는 모세가 썼고, 신 31:25부터 끝인 34:12은 후대에 누군가 써서 삽입했다고 신학계에 정설처럼 굳어져 있다. 과연 이 부분은 누가 기록했는지 맞춰 보시길 바란다, ① 여호수아 ② 대제사장 엘르아살 ③ 예레미야 선지자 ④ 대제사장 후계자 비느하스 ⑤ 모세 ⑥ 사무엘 선지자

분명 신명기의 저자는 모세라는 것을 현대는 부인하는 자들도 많이 있다, 그러나 성경에 수없는 증거가 있는데도 모세 기록을 부인하는 자는 구원받았는지 의심되는 사람들이다. 심지어 예수님이 증언하셨는데도(마 19:4-8, 모세가 너희 마음의 완악함 때문에 아내 버림을 허락하였거니와 본래는 그렇지 아니하니라) 부인하고 있으니 과연 예수를 믿는 사람인지? 아닌지? 나는 알 수가 없다.

그래서 많은 목회자들이 이 부분에 대해서는 일체 입을 열지 않고 침묵으로 일관하고 있다. 이 부분을 후대 그 누가 기록했다고 주장하자니 객관적이고 검증되고 증거주의에 입각한 확실한 증거가 아무 것도 없고, 오직 31:24의 말씀만 가지고 주장한다. 그러니 31:25-30, 32장 전체, 33장 전체, 34:1-12에 달하는 상당한 부분이 모두 모세 이외 사람이 기록했다고 주장하고 있는 것이다.(이는 이성주의에 호소하고 있다, 사람이 어찌 죽은 다음의 일을 기록할 수 있느냐?)

이성에 입각해서 여기서 인정하다보니 모세오경은 모세 혼자 기록한 것이 아닌 문서설에 의해 여러 시대 여러 문자들의 편집 및 조작된 것이라고 발전하게 된다. 더 나아가서 주장하다 보니 모세 기록 자체를 의심하고 의심하다가 이젠 모세의 기록 자체를 부인하는 시대에 이르게 된 것이다.

고등비평가들의 주장은 모세오경은 이스라엘 백성들이 광야에서 떠돌던 시절 B.C. 1446-B.C. 1406에 기록된 것이 아니라 바벨론 포로기 이후 B.C. 536이후에 편집 재구성된 것으로 모세가 말한 것도 있지만 포로기 이후 여러 후대들이 편집 기록했다고 주장하고 있다.

모세의 사후 기록은 물론이거니와 전 모세오경 자체가 모세의 기록이 아니라는 주장이 오늘날 신학계의 대세이며 심지어 유럽의 몇몇 신학교에선 모세 기록을 주장하는 자들에게는 석, 박사 학위를 주지 않는 현실에까지 와 있다. 그러나 모세오경의 저자가 모세라는 증거는 예수 그리스도의 증언(마 18:4-8), 알렉산더나 유대사학자인 요세푸스(Josephus. A.D.30 ~?) 그리고 히브리서 기자 및 성경 전체에서 증언하는 내용은 부지기수인 것이다.

그래서 나는 모세 사후 기록까지도 모세가 썼다고 주장한다. 본 세미나에서는 모세오경의 저자가 모세이니 모세 사후 기록까지도 모세의 기록이라는 것을 증언하고자 한다.

1) 신 31:25 이후의 내용은 그냥 모세가 자연스럽게 연속적으로 기술한 내용이다.

① 신 31:24-26. 다 기록한 율법 책을 증거용으로 언약궤 옆에 보관 명령한 것이 얼마나 자연스럽고 확실한가. 이것이 훗날 이스라엘 백성들에게 영원한 증거가 된다고 말했다.

② 신 31:27~29. 다 기록한 율법 책을 백성 대표들에게 선포하면서 미래에 이스라엘이 이 말씀을 배교하고 악행하므로 하나님의 저주 당한다는 예언이 어찌 부자연스럽단 말인가?

③ 신 31:30~32:44. 모세가 선포했던 증거의 노래인데 그 내용을 볼 때 이런 예언을 모세가 아니고는 그 누가 가능하단 말인가?

④ 신 32:45-47. 하나님의 종 모세는 최후의 율법 순종을 촉구하는 말을 남겼으며

⑤ 신 32:48-52. 모세의 죽음 예고와 가나안 땅에 들어가지 못하는 이유도 설명한다.

⑥ 신 33:1-29. 이스라엘 12지파를 향한 모세의 유언적 축복인데 이런 거대한 축복을 모세 말고 또 누가 할 수 있단 말인가요?

⑦ 신 34:1-12. 모세가 가나안 땅을 바라보고 소천하고 30일간 애

곡한 일, 모세의 후계자 여호수아의 지도권 계승과 모세에 대한 추모의 변이 나온다. 이 부분에서 죽은 자가 어찌 쓸수 없다고 보고 후대 누군가 기록하여 삽입했다고 강하게 주장하게 된다.

2) 모세가 자기가 태어나기 전 2400년 전의 창세기 1장부터 나온 천지창조를 보고서 기록했단 말인가? 보지는 못했지만 하나님의 영감에 의해서 마치 창조시 옆에서 보고 쓴 것처럼 모든 단어와 동사가 현재형으로 기록했지 과거형이 아닌 점을 보아 현실적으로 모세가 보지는 못했지만 하나님이 보여주시고 알려주시는 계시대로 그대로 써 내려갔음을 우리는 믿고 있다.

3) 2400년 전의 보지 못했으니 영감으로 쓴 부분은 믿으면서 불과 30일간 애곡, 여호수아가 지도권 계승하고 모세를 추모하는 1년 후의 일을 못 보았다고 믿지 못한다는 것이 바로 이성주의 신앙인 것이다. 신 34:10 "그 후에는 이스라엘에 모세와 같은 선지자가 일어나지 못하였나니" 여기서 보듯 모세는 전무후무한 선지자로써 하나님과 직접 대면하여 영감을 받아 아시던 자요. 하나님의 전권대사로서 큰 이적과 기사로 이스라엘을 애굽에서 이끌어 낸 위대한 지도자였다. 그의 2400년 전의 일을 믿으면서 그의 사후 1년 후의 일을 영감으로 썼는데도 못 믿겠는가?

4) 그런 맥락이라면 요한계시록의 요한이 앞으로 될 일과 주의 재

림과 심판에 대해 썼으나 지금 2000년이 지났는데도 아직도 이루어지지 않았다고 요한계시록을 완전 거짓이요 허구로 보아야 한단 말인가?

5) 모세는 이미 이스라엘 백성들이 타락할 것을 확실히 알고 있었다(신 31:27, 29)

사실 그대로 이루어졌다. 이것도 알게 된 것은 하나님의 계시에 의한 것이었다.(신 31:16,20) 이런 맥락에서 모세는 사후 일도 하나님의 계시에 의해 알고 있었기에 자세히 기록할 수 있었다. 이 부분의 모세 기록을 믿지 못한다면 성경 대부분은 부인되어야 한다.

6) 모든 성경의 원저자는 하나님 아버지이다. 그 외의 기자들은 성령의 감동을 받은 사람들이 하나님께 받아 말한 것이다. 사람의 뜻과 이성으로 낸 것 아니라고 밝힌다(벧후 1:20) 그래서 19절에서는 이 예언의 말씀은 사사로이 풀 것이 아니라고 강조하고 있다. 성경은 이성에 배경을 두지 말고, 믿음에 배경을 두어야 한다.(딤후 3:16, 벧전 1:23) 벧후 3:16 억지로 풀다가는 스스로 멸망에 이르느니라. 진리 말씀을 자기 기준이나 이성에 근거하다가는 결국 멸망의 수순을 밟게 된다.

7) 혹 모세 사후 일을 후계자나 타인에게 유언을 남김 같이 대필을 시켰다고 해도 그의 감시 아래 된 일이니 만큼 그의 친필과 마찬가지인 것이다. 사도 바울도 대필자로 통해 기록한 부분이 있다. 고전

16:21 친필로 문안했다는 것은 마지막 싸인 형식이었다는 뜻(갈 6:11, 골 4:18, 살후 3:17) 그러나 로마서에서는 대필자 더디오(롬 16:22)의 문안이 첨가된다. 그렇다고 로마서를 바울의 기록이 아니다고 주장할 수 있는가?

이상의 모세 기록에 대한 증언을 했으나 미처 여기 실리지 못했으나 더 확고한 증거를 후배들이 찾아 증언해 주길 노종은 부탁드리는 바이다.

사울 왕은 사무엘 선지자가 기름을 부어 왕으로 이미 선정해 놓고 다시 제비 뽑아 온 이스라엘이 보는 앞에서 확정한 사실이 나온다(삼상 10:1-24) 제비가 안 뽑히거나 다른 사람이 뽑히면 어찌하려고 그런 위험천만한 일을 하나님은 벌리셨을까요?

그것이 바로 인간의 머리로 계산될 때 걱정이 기우가 되는 것이다. 하나님은 일점일획도 틀림이 없거니와 오차도 허용치 않으신다. 그래서 2400년 전의 일도 모세로 틀림없이 기록해 모세에게 영감을 주신 하나님이 모세가 죽어 30일 애곡한 일, 그의 후계자 여호수아가 이어 이스라엘을 다스릴 때 여호수아의 말을 잘 청종한 일, 그리고 이스라엘이 배신할 먼 후의 일도 하나님이 영감으로 예언하게 했으니 모세는 위대한 예언자요 선지자요 통치자였던 것이다.

모세가 느보산에 위치한 비스가산 꼭대기에서 요단강 건너 가나안 땅을 다 잘 보게 한 후 그를 불러가셨다. 그가 보통 사람들처럼 육신이 약하고 병들어 앓아눕거나 병원에 가거나 약을 먹는 일도 없이 하나님의 초자연적인 역사로 하늘나라로 부름받았다.

그의 육체는 사람들에 의해 장례 치루지 않고 하나님이 친히 천사장 미가엘을 시켜서 장례도 마쳤습니다. 그래서 사람들은 그의 무덤을 아는 이가 없습니다. 하나님이 특별 배려하심은 먼 훗날 많은 백성들이 혹시라도 그의 무덤에 제사하거나 그를 숭배하는 위험에 빠질까봐 미리 다 아시고 취해진 조치인 것입니다.

이만큼 모세는 우리와는 비교할 수 없는 분이다. 그것은 하나님과 직접 대면하여 계시도 받고 영감도 받고 대화를 주고받은 모세가 한 예언은 어느 것 하나 어긋난 것 있는가? 앞으로 이스라엘의 타락으로 재앙받는다는 것이 얼마나 자연스럽게 이루어졌고, 12지파에 대한 축복에 대한 예언 역시 어느 한 구절 틀린 구절이 있는가?

그러니 자신에 대한 미래의 예언도 역시 조금도 하자 없이 그대로 이루어질 것도 믿고 미리 써두었는지? 미리 말해두었는지? 어찌 못 믿고 자꾸 이성주의에 의해 부정적인가?

이 부분을 그대로 믿지 못한다면 여호수아서 24:29-33의 부분 여호수아의 사후기록도 이런 맥락에서 해석되어야 한다. 그러다보면 성경의 많은 부분이 이런 부정적 영향 하에 놓이게 됨으로 대부분의 성경 말씀은 믿을 수 없는 옛날 고전으로 전락되고 말 것이다.

다시 처음 서론으로 돌아갑니다. 과연 모세 사후와 신 31:25 이하의 말씀은 누가 기록했을까요? 이제 결론을 지을 때가 왔습니다. ① 후계자 여호수아 ②대제사장 엘르아살 ③예레미야 선지자 ④대제사장 후계자 비느하스 ⑤모세 그리고 ⑥사무엘 선지자

여기서 ①에서 ④ 지금까지 주장한 자들은 제고하시길 바라며 나는

⑤번이라고 끝까지 주장하려고 합니다. 모세오경은 모세의 기록이지 여러 사람에 의해 기록된 것이 아님을 온 천하에 공포하노라. ⑥번 주장자도 재고하시기 바랍니다.

3 PART

교회 개혁

1. 현대교회세습은 성경적인가?
2. 설교 표절에 대한 小考
3. 나의 찬송가 學
4. 성탄계절만 되면 아리송한 문제들
5. 성도는 설날과 추석 명절을 어떻게 보내야 하는가?

현대 교회 세습은 성경적인가?

서 론

기독교는 이스라엘에서 시작하여 온 세상에 소망을 심어주었다. 이 기독교가 헬라로 넘어가 현대철학을, 기독교가 로마로 넘어가 조직과 권력을 낳았다. 기독교가 북 구라파로 가서 기독교 문화를, 기독교가 영국으로 넘어가 민주주의를, 기독교가 미국으로 넘어가 기업을, 기독교가 한국으로 와서 대기업같은 교회를 낳았다.

한국 경제에서 대기업과 작은 기업 간의 격차는 하늘과 땅 차이다. 그와 같이 한국 교회의 대교회와 시골 작은 교회 간의 격차도 하늘과 땅 차이다. 한국 경제는 부자 세습이 문제가 되고, 철의 장막인 북한 정권의 삼대 세습 또한 문제가 심각하듯 한국 대교회의 세습 문제 또한 심각한 문제이다.

첫째로, 기독교는 혈연의 종교가 아니라 언약의 종교이다. 그러므로 혈연관계가 목회적 승계 선택의 기준이 될 수가 없는 것이다.

둘째로, 기독교는 물질물량주의도, 소유의식의 산물도 아닌 것이다. 소위 물량주의에 성공된 교회에서 세습이 문제이지 섬, 산간, 오지, 미자립 교회에 아버지 뜻을 완성키 위해, 자녀가 헌신키 위해 세습이 문제되지 않는다. 교회는 자기 소유물이 아니다. 비록 자기 물질이라도 헌금하고 나면 하나님의 것이지 자기의 것이 아니다. 헌금으로 개척하여 큰 교회 됐다고 자기 소유가 아니다. 자기 소유로 착각하기에 세습이 이루어지고 있다.

셋째로, 재벌 총수마저도, 스스로 경영권을 포기하고, 사회에 환원하는 기업가는 칭송을 받는다. 그러나 자기 직계는 물론 사돈의 팔촌까지 요직에 맡기는 소위 낙하산 사원이 많은 기업가는 기업으로는 성공했을지 모르나 인간적으로는 그 누구도 칭송하지 않는다.

넷째로, 오늘날 교회가 사회로부터 존경은커녕 지탄의 대상이 된 것은 세습뿐만 아니라 여러 면으로 지탄과 원성의 대상이 되고 있다. 마 5:20 "너희 의가 서기관과 바리새인보다 낫지 못하면 결코 천국에 들어가지 못하리라" 하셨는데 사회의 지탄과 원성의 대상된 교회가 서기관과 바리새인들보다 더 나은 의를 가지고 있다고 보는가?

제1장 목회 세습의 긍정적인 측면(실행자들의 변)

1) 큰 교회를 이끌어 가야 할 목회자는 큰 인물이어야 한다. 그간 큰 인물이기에 이런 큰 교회를 이루어 놓았다. 교회는 목회자의 영향이 대단히 크다. 그런데 전연 새로운 목회자를 세운다면 많은 문제점이 발생할 수 있다. 같은 신학교에서 같이 공부하고 연마했어도 영성과 은사에는 큰 차이가 있을 수 있다. 그래서 새로운 목회자 모시기에 두려운 나머지 대안으로 큰 일물 밑에서 어려서부터 보고 배운 가족이 가장 이런 위험에서는 해결책이요, 계속 그 교회가 큰 인물 영향 하에 있기에 크게 벗어나지 않을 것이라고 한다.

2) 안정적인 목회를 위해서는 후임자가 전인자와 똑같은 목회 철학과 똑같은 스타일 설교만이 지금까지 발전해 온 모드를 계속 이어갈 수 있다는 것이 장점이다. 새 목회자가 새로 부임하면 적응 기간이 2~3년은 되어야 하는데 그간 교회는 퇴보되는 그런 위험 부담을 덜 수 있다는 것이다.

3) 적합한 절차에 의한 것이기에 아무 하자가 없다는 것이다. 나라마다 헌법이 있듯이 교단마다 교단 헌법이 있다. 그 헌법의 절차에 따라 전연 위법 사항이 없이 전 목회자를 대상으로 본 교회 후임 목회자 선정에 울려놓았으니 가족이나 친족이라고 불이익을 주어서는 안 된다는 것이다.

4) 오랜 기독교 전통을 가진 유럽이나 미국에서는 목회 세습이 숱하게 시행되었으나 한국과 같이 전연 문제시 된 일도 없고, 도리어 권장 상황 중의 하나이다. 영국 어느 교회에는 5대째 목회자 세습으로 이어온 교회가 있으나 도리어 자랑스런 칭송의 대상이지 한국 같이 지탄의 대상이 되지 않았다. 세습을 지탄의 대상으로 삼는 한국 사회와 한국 교계가 문제인 것이다.

5) 그간 원로 목사들이 최선을 다해 큰 교회를 이루기 위해 피나는 노력으로 일평생 일궈놓은 목장이다. 그런 원로 목사에게 위로와 보상의 차원에서 세상 떠나실 때까지 우리 교회에서 마음 편안히 모시겠다는 뜻에서 마음 편안히 해드리기 위해서는 그의 자녀에게 목장을 맡기면 그 보람과 평안으로 노후를 누리시지 않겠나 한다는 것이다.

여기에 대한 답변을 먼저 하고자 한다.

1) 큰 인물론 : 교회는 하나님이 세워, 하나님이 이루어 나가는 것이지 큰 인물에 의해서 교회가 이루어졌다면 그 교회는 하나님의 교회가 아니고 바로 큰 인물 목사 교회이다. 교회는 우주보다 더 무변 광대하고 그 목회 방향도 다양하다. 여러 목회자 밑에서 다양한 목회 철학과 다양한 설교 양식과 여러 목회 양식을 경험한 교회가 건강한 교회이다. 한 가지 방법에 의한 목회 철학만 알고 자란 성도는 편식으로 올바른 신앙이라고 볼 수 없는 것이다.

2) 새 목회자로 인한 리스크로 몸살을 앓는 기간이 있다. 아이는 아프면서 자란다. 교회는 평안하면 타락의 길로 가지기 쉽고, 고난 속에서도 하나님만 생각하면서 잘 극복하는 교회가 건강한 교회가 되는 것이다. 그런 위험 부담 때문에 세습을 한다는 궤변은 "구더기 무서워 장 못 담그겠는가?"라는 속담도 모르는가?

3) 적법한 절차론: 대교회는 정치적으로, 행정적으로 담임 목사의 영향을 벗어나기 어렵다. 담임 목사의 의도대로 얼마든지 당회나 공동의회를 거쳐 완벽한 민주적인 절차를 거쳐서 세습이 아닌 청빙이라고 포장할 수 있다. 왕상 21장에 나봇의 포도원을 욕심 낸 아합왕에게 이세벨의 적법한 재판 절차를 그 당시는 완벽하고 합법적인 과정이었고, 그 뒤에는 보이지 않는 권력이 작용했다. 이러한 뒤에 숨어 조정하는 적법한 절차가 총회, 노회, 교회 안에서도 얼마든지 시행될 수 있고 현세까지 시행되어 왔다.

4) 유럽이나 미국에선 세습이 아무 문제되지 않는다는 점

유럽으로 넘어간 기독교는 철학, 조직, 문화, 민주주의 기업을 이루어 놓았다. 그들 속에서의 세습은 큰 문제가 되지 않았다. 그러나 한국은 다르다. 기독교가 대기업을 낳았다. 대기업의 오만과 불법, 이북 정권이 가져온 삼대 세습과 독재 정권, "절대 권력은 절대 부패를 낳는다"는 속담. 독재정권과 같은 카리스마에 의한 독재적 목회는 반드시 부패를 낳는다. 인간은 누구나 전권 부패하기 때문이다. 심지어 노동권까지 세습이 이루어지다 보니 청년 일자리가 없다. 대졸 실업률이 세계에서 최고를 가져다준 원인이 대기업이나, 중소기업, 심지어 소기업까지 더구나 노동계에서까지 낙하산과 세습 때문에 정당한 경쟁력이 상실되어 가고 있다. 이런 불미스런 파행을 앞장서 개혁해 나가고 선도할 교회마저 빠져들어 가니 사회의 지탄의 대상이 되는 것이다. 교회는 달라야 하지 않겠는가?

5) 원로목사 예우 차원 : 물론 그 은혜 보답 운운하는 것, 참 좋은 미풍양속이다. 그러나 목사는 물러나면 본 교회와 일체 관계를 끊어야 하는 것이 목회 도리이다. 아무리 일평생 죽을 고생으로 이루어 놓은 목장이라고 해도 교회는 은혜 보답차원에서 예우하려고 하나 목회자는 "이 무익한 종이 마땅히 해야 할 일을 한 것 뿐이다"라는 일념에서 교회에 누(짐이 되어서는 안 된다)가 안 되는 것이 예수 그리스도의 희생정신이요, 올바른 목회자 상이다. 예우 다 받고, 사랑 보상 다 받는다면 하늘나라에 가면 아무 상이 없게 된다. 이미 이 땅에서 다 받아버렸기 때문이라고 성경에선 말하고 있다. 주의 종은 모든 것이 내 것이 아니다. 심지어 내 생명도, 내 자녀도 내 것이 아니다. 그런데 교회를 소유물로 인식하다 보니 이런 결과가 온다. 세례 요한처럼 '광야의 외치는 자의 소리'라고 함은 소리처럼 사라져야만 참 종의 모습이다. 청지기 사명을 올바로 깨닫고 첫 소명대로 목회철학을 가진 목회자라면 달라야 한다. "내 무덤을 남기지 말라"는 칼빈은 참 종의 모습이다.

제 2 장 목회세습의 부정적인 측면

1) 구약적 측면에서 부정적인 면

① 구약에서조차 혈연주의가 배격되었다.

역사적으로 볼 때, 아론의 대제사장이 세습되었고, 다윗의 왕직도 세습되어 내려왔다, 그러나 이 이스라엘의 혈족주의는 예수 그리스도에게 정죄되었고, 진정한 이스라엘은 표면적 이스라엘보다 이면적 이스라엘을 강조하였다. 여기서 대제사장직 세습과 왕직 세습은 사실이나 이것은 역사적 서술일 뿐 현대 교회도 꼭 이와 같이 하라는 명령은 없다. 구약의 역사적 서술이 신약시대 신앙 생활의 규범이 되는 것이 아니다. (아브라함은 부인을 누이라고 한 것, 야곱이 아버지, 형을 속인 점, 유다가 며느리와 교제한 일) 우리도 이대로 하라는 것은 아니다. (역사적 사실로 기록, 인간은 전적으로 부패한 면을 보여 준 것이 많다.)

• 세습으로 인한 실패한 실례는 다윗(솔로몬), 솔로몬(르호보암), 웃시야(요람), 히스기야(므낫세), 요시야(여호야김, 여호야긴, 시드기야)

• 세습 안 해도 성공한 실례는 모세(여호수아), 엘리야(엘리사), 기드온, 사무엘, 다니엘, 요셉 그 수를 셀 수 없이 많다.

② 권위적 지배구조에서도 부정적이다.

사사시대 13명의 사사들의 권위적(왕적)인 면에서는 비록 구원자라고 했지만, 드보라, 기드온, 사무엘을 제외하고는 10명이 부정적이다. 자그만치 60명의 자녀를 둔 부도덕하고 수많은 처첩들의 비위 맞추기 급급했을 것이며, 열왕기 시대 42명의 왕 중, 북이스라엘 19명은 전부가 타락한 왕이었고, 나머지 중 다윗, 요아스, 웃시야, 히스기야, 요시아(5명)을 제외한 나머지는 긍정보다 부정적인 측면이 강해 보인다. 왕들 가운데 성공했다는 5명이 한결같이 왕권을 세습해서 그 자녀들이 가장 악한 모습들을 보인 왕들이다. 그러므로 구약 성경 역사는 세습이 좋지 않음을 웅변적으로 보여준 역사 책이다.

2) 신약적 측면에서 부정적인 면

기독교는 중세 이전부터 봉건주의 사회 구성에도 일조를 했다. 종교개혁 이후부터 민주주의의 태동과 발전에 그 공로가 크다. 현대 산업화 사회에도 큰 공헌을 뒷받침했다. 봉건주의로 회귀를 열망하던 때에 산업화로 대기업화된 교회가 봉건시대에 하던 세습이 자연발생적으로 태동된 것이다. 그게 세습으로 나타났다. 구약시대보다 신약시대에선 세습이 더 부정적인 측면이 강하게 회자되고 있어도 자기들 욕심을 굽히지 않는데서 생겨진 제도이다.

① 예수님의 가르침에서 옮겨 봅니다.

예수님의 공생애 시작부터 "때가 찼고, 하나님의 나라가 임했으니 회개하라"고 외치셨다. 예수님의 공생애는 전지전능하고 무소부재하신 주님이지만 개인의 탁월한 지도력으로 공교회를 치리하지 안고 오직 하나님 아버지의 뜻을 따라 12제자와 70인 전도대를 앞세워 교회를 세워나갔다. (큰 인물이란 1인이 대군중을 이끄는 현 교회와 대조됨) 예수님은 혈연주의나 봉건적인 구약의 많은 제도도 가차없이 책망과 개혁해 나가셨습니다. 막 3:31-35에 그의 어머니와 형제자매가 찾아와 문밖에서 기다린다고 하실 때, "누가 내 어머니며 내 동생들이냐 누구든지 하나님의 뜻대로 행하는 자가 내 형제요 내 어머니"라고 제자들을 가리켜 말씀하셨다. "부모나 처자를 나보다 더 사랑하는 자는 내게 합당치 아니하고". 예수님은 십자가에서 숨을 거두시기 전 어머니 마리아에게 요한을 소개했다. "어머니 아들이니이다" 요한에겐 "네 어머니니라" 예수님은 그의 남동생이 4명, 여동생이 2명 이상인데도 그 동생 그 누구에게 어머니를 맡기시지 않으시고 사도요한에게 부탁하고 맡기셨다. 그래서 요한이 마리아 소천시까지 잘 모셨다는 전승이 있다. 이것은 예수님이 혈족주의를 완전배격하고 오직 믿음으로 형성된 신령한 가족관을 지니셨음을 보여준다. 세베대의 두 아들의 어머니로부터 (예수님과 친척관계 두 아들의 특별 배려를 부탁받았다. 예수님은 아주 냉정히 거절한 것은 친척이기에 더 단호했다고 본다.) "그 자리는 내가 줄 것이 아니라 누구를 위하여 예비되었던지 그들이 얻을 것"(막 10:40). 주의 사역자의 덕목은 "너희 중에 누구든지 크고자 하는 자는 너희를 섬기는 자가 되고 너희 중에 누구든지 으뜸이 되고자 하는 자는 모든 사람의 종이 되어야 하리라". 이 말씀은 큰 교회의 큰 인물론 주장을 일격에 차단하며 예수님의 종이라고들 주장하나 주님이 원하시는 종의 모습과 일치하지 않는 것 같다. 예수님의 교훈 중 사복음서는 물론이고 신약 전 성경 어느 곳에서도 세습을 비호하거나 옹호하신 발언이 전연없다.

② 사도 바울의 가르침에서 생각해 본다.

바울은 많은 교회를 개척하셨다. 그도 인간인데 목회 은퇴 이후 여러 교회에게 연금이나 은퇴금, 노후를 부탁하고픈 그런 뜻이 전혀 없었다.(은퇴 목사들은 이 대목을 묵상하라) 예수 그리스도의 재림이 곧 가까우니 빨리 한 영혼이라도 구원시키는 것이 더 화급했고, 한 교회라도 더 많이 개척해 세우는 것이 바울의 소망이었다. 그래서 교회를 세워 어느 정도가 지나면 마땅한 일군에게 맡기고 미련 없이 떠나셨다. 그는 결혼을 안해서, 욕심이 없어서 그랬는가는 몰라도 오직 신앙으로만 사시려고 노력함으로서 복음으로 낳은 아들 디모데, 같은 믿음의 참 아들된 디도, 갇힌 중에 낳은 아들 오네시모에게서 많은 사랑을 쏟았다. 개척하고 떠나면서 교회 뒷일을 이들에게 맡겼다.

이용규 선교사의 책 "내려놓음", "더 내려놓음", "같이가심". 목회자도 아닌 평신도의 신앙도 이렇거든 하물며 하나님의 종이라는 목회자들의 형태는 부끄럽기 그지 없다. 바울서신 13권 중에서 직분자의 자격, 직분자가 갖추어야 할 사명에서도 바울의 중심은 오직 하나님 중심이었다. 자기 개인이나, 자기 가정을 위한 구절은 단 한 구절도 없다. 교회 개척 후 사유화하지도, 명예나 기득권 행사 한 것이 전연 보이지 않는다. 하늘 나라에 계신 바울이 한국 교회 세습을 잘 했다고 칭찬해 주실 것 같지 않다.

③ 주의 직분자의 측면에서

예수님이 이 땅에 오신 목적이 속죄 제물이 되기 위함이다. 그래서 "인자가 온 것은 섬김을 받으려 함이 아니라 섬기려 하고 자기 목숨을 많은 사람의 대속물로 주려 함이라"고 하셨다. 청지기, 종, 섬기는 자, 대속물같은 희생 헌신이 직분자의 사명인데 우리의 위치를 점검해 보라. 이 문제에서 자유로운 자가 과연 있을까? 더구나 세습된 목회자라면 이 말씀은 무거운 짐이 되리라고 본다. 바울도 "내가 사람들에게 좋게 하랴 하나님께 좋게 하랴 내가 사람들에게 기쁨을 구하였다면 그리스도의 종이 아니니라" 직분자들이 처음엔 진리로, 사명으로, 성령으로 시작했으나 점점 부요해지면 육체쪽으로 기울어지기 쉽다. 그래서 바울도 갈라디아 교회에게 "너희가 성령으로 시작하였다가 육체로 마치겠느냐"고 책망하였다. 야고보도 "욕심이 잉태한즉 죄를 낳고 죄가 장성한즉 사망을 낳느니라"고 했다. 직분자라고 무소유를 강요할 수는 없으나 욕심 때문에 죄에 빠지지는 말아야 한다. 알면서도 빠져 들어가는 현실을 직시치 않으면 소망이 없다.

3) 조직신학적 측면에서

교회의 표징(marks)이라는 용어를 사도신경에서 "거룩한 공교회"라 고백한다. 주후 381년 콘스탄티노플 공의회에서 확정 발표된 '니케아 신조'에서 교회의 표징을 "우리는 또한 하나(one)의 거룩(holy)하고 보편적(catholic) 사도적인(apostolic) 교회를 믿는다"

① 교회는 하나이다.(엡 4:4-6) 교회의 하나됨은 그리스도 안에서 성령으로 말미암아 형성된 새로운 공동체인 교회의 특징이다. 여기에 반해 세습은 개교회주의를 낳고 세습 시행으로 시험받아 분쟁과 분열을 야기시킴으로 교회의 하나됨에 대한 고백을 위반하게 된다. 이 사건으로 교회를 떠나는 사람도 많이 있다. 그 영혼은 누가 책임지며 하나 신앙의 위반이다.

② 교회는 거룩하다. 거룩의 근거는 성도의 도덕적인 우월성에 있는 것이 아니라 거룩하신 하나님의 부르심을 받아 하나님의 언약의 백성에 근거한다. 교회세습은 교회 거룩성을 훼손한다. 교회의 목회직이 세속적인 권력인 것처럼 보이게 되기 때문이다. 원래 목회직은 거룩한 교회를 섬기는 봉사직이다. 직무에 이권과 권력이 개입되면 안된다. 욕심을 품고서도 거룩하다고 말한다면 그것은 위선자의 가증한 말이요 기도이다.

③ 교회는 보편적이다. 전 세계의 교회가 한 몸으로써 모든 신분, 연령에 구애없이 전체성을 가져야 되고. 그리고 모두에게 보편적인 교회여야 공교회가 된다. 그러나 세습은 보편성, 공공성을 훼손하고 사유화, 특정인에게 특혜를 주므로 완전 보편성이 무너지고 만다.

④ 교회는 사도적이다. 엡 2:20 "너희는 사도들의 터 위에 세우심을 입었다" 사도직이란 사도들이 전해 준 복음에 기초를 두고, 교회가 성

장해야 한다. 세습은 사도성을 훼손한다. 만인 제사장론에서 보듯 설교를 특정 가문에만 허락된 것이 아니다. 사도들이 세습한 사도가 한 사람도 없다는 것을 알라.

4)기독교 윤리학적인 측면에서

주후 313년 콘스탄티누스 황제에 의해 그리스도교가 종교로(사교가 아닌) 승인으로 큰 변화가 왔다. 그 이전에는 "어떻게 순교할 것인가?"를 기독교적 윤리로 삼았다. 그 이후에는 "어떻게 세속사회에서 크리스챤으로 올바로 살아가야 하는가?"로 변화되었다. 예수 그리스도의 재림과 종말, 임박한 천국 소망에 윤리 기초를 둔다면 양심이 세습을 허락하지 않을 것이다. 삶의 윤리 기초가 여기에 두지 않으므로 불미스러운 일이 일어나고 있다. 오늘날 목회자들이 부자로 중산층이라면 기독교 윤리 기초에서 벗어나게 살아온 산 증거이다. 올바른 크리스챤 윤리 하에 산다면 절대로 목회자는 부자가 될 수 없는 것이다. 부자된 교회 역시 나눔과 봉사와 선교에 치중했다면 그 많은 부동산 소유와 대형교회가 될 수 없고 교회 본질에는 눈을 감고 재산을 늘리는 데에만 혈안이 되었기에 잘못된 현상이다. 세습은 사유화, 소유화, 성직 매매(simony) 재정이 투명치 못하고 몇몇 패당이 적당히 덮는 형식으로 교회가 어두워져 간 것이다. 거의 교회 행정이 목회자의 권력과 권위로 수행되고 있다. 기독교의 진정한 권력과 권위란 십자가의 고난과 죽음 그리고 부활을 경험한 영성에서 나오는 것이다. 이에 대한 칼빈도 사제직이란 그 누구에 의해 교황도 부모도 아닌 오직 하나님의 소명에 의해 주어진 것이다. 그래서 예수 그리스도도 대리인이나 후계자 없이 성직을 감당하셨다. 예수님은 죽으심으로 그의 사명을 완수하였다. 그 예수님의 제자라면 그 예수님의 윤리관을 따라야 올바른 제자라고 본다. 세습이 이루어지는 곳에는 십자가의 고난과 죽음의 모습이나 자기를 죽여서라도 신앙개혁을 해 나가겠다는 모습은 전연 보이지 않는데도 스스로는 개혁주의자라고 자부하고 있다.

결론

세계 50代 교회 중 한국 교회가 첫째로부터 25代 까지 싹쓸이 했다. 각 교단의 세계의 제일 큰 교회는 어김없이 한국에 존재하고 있다. 너무나 자랑스러운 일이요 영광스런 일이다. 그래서 한국의 위상에 경제적, 스포츠, 문화면에서 10위 안에 있는 것도 하나님의 큰 축복인 것이다. 그러나 대기업같은 큰 교회 뒷면에서 벌어지는 것 때문에 옥에 티가 되고 말았다. 기독교는 언제나 번영과 부하면 타락하기 쉽고 정치권과 손잡고 권력을 가져도 타락하기 쉽다. 대교회가 지닌 그 많은 번영과 재물 그리고 권력, 이 모든 것이 결국 불법과 탈법 양심도 신앙도 저버리는 타락의 길을 가기 쉽다.

본 세미나에서는 세습의 긍정적인 면, 부정적인 면을 어느 정도 파헤쳤다고 본다. 이제 결론을 내려야 한다. 진리는 하나이지, 이것도 저것도 아닌 것이 진리가 될 수 없고, 이런 면에서는 이런 것이 좋고 저런 면에서는 저런 것이 좋다는 애매모호한 진리는 진리가 될 수 없다.

예수님과 바울, 베드로 같은 목회 방식으로 대교회 됐다면 그 누가 토를 달 수가 없다. 그 이면 그늘 속에 숨긴 인본주의적으로 불법 탈법으로 부흥 발전되어 대교회 됐다면 차라리 안 된 것만 못하나. 긍정직이라고 주장하는 5가지 긍정은커녕 도리어 외적 모습과 속 모습이 전연 다른 것이 문제이다.

부정적인 측면에서 신구약성경이 이를 부정적으로 여기고 있음을 자세히 논했다고 본다. 그리고 예수님, 사도 바울의 가르침을 통해서도 세습은 부정적임을 알 수 있는데 그 누가 아니라고 토를 달 수 있는가? 또한 조직신학적인 니케아 신조에서 교회 표징 4가지 그리스도교 윤리학적 측면에서 부정적임을 증명했다.

본 세미나의 주제인 "교회 세습은 성경적인가?"라는 해답은 너무나 명약관화한 것이다. 한국 대교회에서 벌어지고 있는 세습은 성경적도 아니고 조직신학으로나 윤리적으로나 신앙 양심적으로도 한마디로 '아니다' 라고 말할 수 있다.

(참고사항) 대교회들이 그간 시행한 세습교회 명단(천명 이상 모이는 교회들중)

번	년도	교회명	교단	위치	전임자	후임자	관계	임직년한	비고
1	1973	도림교회	통합	서울	유병관	유의웅	아들	26년	
2	1980	부평교회	기감	인천	홍찬준	홍은화	아들		
3	1986	길동교회	합동	서울	박만식	박주완	아들	34년	
4	1995	대구서문교회	합동	대구	이성헌	이상민	아들	45년	총회장
5	1995	기둥교회	기감	경기	고용봉	고신일	아들	19년	
6	1997	충현교회	합동	서울	김창인	김성관	아들	개척	총회장
7	1997	주안교회	기감	인천	한경수	한상순	아들	30년	감독
8	1998	성민교회	통합	서울	신현균	신영준	아들	개척	아들사임
9	1998	서울중앙침례	기침	서울	오관석	오영택	아들	개척	현하늘비젼
10	2000	구로중앙	기감	서울	곽전태	곽주환	아들	개척	감독 현 베다니교회
11	2001	광림교회	기감	서울	김선도	김정석	아들	개척	감독
12	2002	C.C.C	선단	서울	김준곤	박성민	사위	개척	
13	2003	소망교회	통합	서울	곽선희	곽요셉	아들	개척	변칙
14	2003	강남제일	기침	서울	지 덕	지병윤	아들	개척	총회장
15	2004	경향교회	고려	서울	석원태	석기현	아들	개척	총회장
16	2004	분당만나	기감	경기	김우영	김병삼	아들	개척	
17	2005	경신교회	기감	서울	김용주		아들		감독
18	2006	대성교회	합동	서울	서기행	서성용	아들	39년	총회장
19	2006	동현교회	합동	서울	예종탁	예성현	아들	37년	총회장
20	2007	종암중앙침례	개혁	서울	조경대	조성환	아들	개척	총회장
21	2008	숭의교회	기감	인천	이호문	이선목	아들	38년	감독3대째
22	2008	금란교회	기감	서울	김홍도	김정민	아들	37년	감독
23	2008	계산중앙	기감	인천	최세웅	최신성	아들	39년	감독
24	2009	임마누엘	기감	서울	김국도	김정국	아들	개척	감독
25	2010	경서교회	합동	경기	홍재철	홍성익	아들	개척	총회장
26	2011	대한교회	합동	서울	김삼봉	윤경민	사위	개척	총회장
27	2012	제일성도	합동	서울	황진수	진웅희	사위	개척	총회장
28	2012	광명동산	합동	경기	최선용	최정환	아들	개척	
29	2012	왕성교회	합동	서울	길자연	길요나	아들	39년	총회장변칙
30	2013	성남성결	기성	경기	이용규	이호현	아들	개척	총회장

도표를 보고서

1) 한국의 내노라하는 교회들이 그간 세습으로 사회의 지탄의 대상이 되었다. 지역적으로는 서울과 인천 중심이었고 수도권으로 번져(부천, 분당, 성남, 광명) 나가고 지방으론 대구가 유일하다.

2) 총회장, 감독들이 대부분이며 한기총, 총회장 출신들도 다수이다. 진보 성향을 띤 감리교, 통합, 기장이 세습반대 헌법 제정 및 절대반대 운동이 확산되나 보수주의라는 합동, 고신, 침례가 비진리인 줄 알면서도 세습에는 관대하고 소극적으로 대처하므로 요즘 일어나는 세습은 보수측에서 많이 일어나고 있다.

3) 김선도(광림) 목사, 김홍도(금란) 목사, 김국도(임마누엘) 목사 친 삼형제 세습은 세계에서 유래를 찾아볼 수 없다.

4) 김창인(충현) 목사는 은퇴후 이종윤 목사, 신성종 목사와 같은 기라성 같은 목회자들을 6년씩 후임자로 담임했으나 결국 그의 아들(김성관 목사)을 늦게 신학을 시켜 세습하고 15년도 안되어서 교회가 큰 전투가 벌어져 죽기 전 양심선언으로 자기 목회상 최고의 실패는 아들에게 물려준 세습이라고 고백했다. 기라성같은 두 목회자, 심지어 아들과도 헤게모니 싸움으로 교회에 큰 분란을 일으킨 장본인은 김창인 원로 목사이다. 그가 세례 요한처럼 사라졌다면 충현교회는 세계적으로 대교회가 됐을 것이다. (2만명이상→지금 천명 모인다.) 그 책임의 중심은 김창인 원로목사이다. 교회 분란의 중심에는 거의 원로 목사의 전횡 때문이 많다.

요즘 가장 심각한 문제점

1) 우리 교단이(고신) 아직 명단에 올라가지 않은 것은 다행이라고 생각된다. 그러나 워낙 대교회가 없어서 그렇지 중소교회, 아주 소교회에서까지 세습형태가 이루어지고 있다. 경인 노회는 고신교단 36개 노회 중 중하위권에 속한다. 교회도 50교회가 못된다. 그런데도 벌써 4교회가 세습을 시행했다. ① 신도○/신용○(빛된 교회) ② 박현○/정연○ (석천교회, 사위) ③류재○/류주○(목민교회) ④ 조주○/조재○(강변교회) 그리고 세습을 준비 중에 있는 교회 (후보) 6-7명이나 된다. 얼마나 심각한가.

2) 각 교단, 각 노회 중,소 교회의 세습 현황은 파악할 수 조차없이 부지기수이다. 대형 교회에서만 자행됐던 세습이 이젠 중교회(300명), 소교회(100명), 아주 소교회(30-50명)에서 점차로 세습이 자행되고 있는 현상이 심각한 문제이다. 왜 이런 현상이냐면 70-80년대 후반까지는 한 해 500교회 씩 개척되었으나 90년대는 매년 3천-4천명의 목사들이 쏟아지는데 교회는 매년 500교회씩 감소하다 보니 중, 소 개척교회 가릴 것없이 교인 10가정이면 생활은 된다는 경제논리를 앞세워 개척하지도, 시키지도 않는 것이 가장 큰 문제이다. 5만 교회 중에서 약 천 교회 정도가 세습했는데도 심각성을 모르는지 숨겨 버릴려고 하는 보수주의 교단들은 각성해야 한다. 거기서 고신은 더 석고대죄해야 한다. (개혁해야 될 것을 개혁하지 않는다면 개혁교회 되기를 포기하는 것이요, 이미 개혁교회가 아닌 것이다. 개혁교회의 장자라고 자부하는 고신에게 울리는 큰 종소리이다.)

설교 표절(剽竊)에 대한 소고(小考)

기독교계의 설교 표절이 문제는 어제 오늘의 문제가 아닌 고질적 병폐중의 하나이다. 일반적으로 웬만한 목회자라면 설교 표절의 문제에서 자유롭다고 자신할 목회자가 그리 많지 않은 실정이다. 이 표절 문제는 대한 민국 사회 전반적인 문제인 것 같다. 특히 대학에서 자행되고 있는 표절 문제는 심각하다 못해 가관이다.

제자들에게 과제물로 숙제로 써온 과제물에 이름만 바꾸어 놓고 마치 자기 작품인 양 정부기관에서 연구비를 횡령하는 사건이 알려지고 또 한 논문을 여러 교수님들이 서로 이름만 바꾸어 제출한 사안도 백일하에 드러난 사건도 흔히 들려지고 있다.

원래 표절이란 단 한 줄만 옮겨 써 놓고도 마치 자기가 연구한 것처럼 위장 발표하면 표절이 되어 저작권 침해로 고소 고발당할 수 있다. 요즘 어느 유명 가수가 몇 년전부터인가 화가로 변신하여 제자(조수)

가 그린 그림 위에 덧칠 좀 하고 자기 유명세를 기반으로 고액으로 자기 그림이라고 속여 판매한 것이 과연 표절인가? 아닌가? 또 사기인가? 아닌가? 많은 사람들의 화두가 되고 요즘 뉴스에도 심심찮게 나오고 있는 실정이다.

그뿐 아니라 대중가요에서도 종종 심심찮게 표절 논란이 뉴스로 등장되곤 한다. 또한 소설계, 연극계, 영화 등 문화계 전반의 문제로 이슈화 되는데 대학의 논문(박사논문, 석사논문, 학사논문, 졸업 논문) 작성에선 너무 많이 대두되고 있다. 심지어 대학가 앞에는 '논문 작성 해드립니다.'하는 선전 문구의 간판과 프랭카드를 많이 볼 수가 있다.

대신 연구 논문 작성해주고 논문 통과 방법론까지 노하우를 제공해준다고 하니 논문 쓰기는 어려운데 쉽게 논문 통과까지 시켜준다니 많은 대가를 요구해도 응하게 되므로 이런 직업이 대학가 앞에서 상당히 성업 중의 하나이다. 대학가에서 떠도는 소문으로 그 대가는 다음과 같다. 박사논문 (일반적으로 500만원에서 천만원인데 까다로운 교수님이 심사위원으로 된 논문은 수천만원까지 호가 한다고 한다.) 석사논문 (200만원에서 400만원까지), 학사 및 졸업 논문(50만원에서 백만원)의 가격으로 시장이 형성되어 잘 돌아가고 있다니 대학가의 이러한 현상은 이 나라 학문을 병들게 하고 있는 실정이다.

여기에 뒤질세라 목회자들의 설교 표절 또한 어린양들의 순진한 믿음 생활을 좀먹는 아주 심각한 수준에 이른 것이다. 남의 설교문의 단 한 줄이라도 자기 설교문에 옮겨 베껴놓고 그 출처를 밝히지 않으면 설교 표절로 간주할 수 있는데 많은 목회자들이 이 덫에 걸려도 양심의 가책도 받지 않는 것이 한국 교계의 큰 암덩어리이다.

어느 풋내기 목사는 한 주간 내 너무 바쁘게 활동하다가 토요일이 되어서야 설교 준비가 안 되었음을 깨닫고 급한 나머지 남의 설교집 책을 아예 복사해서 그 원고를 들고 나가 설교한다니 그 어린 양들이 불쌍하기 그지없다. 남의 양식을 도적질한 것을 먹고 자란 그 영혼이 얼마나 불쌍하거니와 그 영혼이 옳게 자랄 수 있겠는가? 심히 가슴 아픈 현실이다.

그러므로 이런 설교도 자꾸 습관적으로 하다 보니 꼬리가 길면 밟힌다는 속담같이 듣다듣다 못한 그 교회 장로님들이 정확한 증거품으로 제출된 원본 설교책을 제시함으로 그 교회에서 사임하게 된 목사들의 소식을 접하게 될 때 씁쓸하기 그지없다.

다시 설교 표절의 개념부터 정리해 보자면

1) 다른 사람의 설교를 통째로 베껴서 하거나 아예 복사해서 설교하는 것은 무조건 설교 표절자들이다.

2) 다른 사람의 설교 제목과 대소지만 빌리고 나머지 부분을 자기 말로 채워도 표절에 해당된다.

3) 또 제목과 대소지는 자기가 구성했다 해도, 그 속 내용을 몇 편의 설교집들을 보고 짜깁기하거나 예화사전, 기타 다른 책들을 참고하고서 밝히지 않으면 표절이 된다.

4) 어느 유명 목사가 깊은 묵상과 성령님의 영감에서 나온 구절을 마치 자기가 묵상해서 얻어 낸 것처럼 깊은 성령의 영감도 자기가 받아낸 것처럼 설교했다면 표절이 된다.

설교의 신앙적 정의는 곧 하나님의 말씀을 하나님 대신 전하는 것이 본래 설교이다.

그 하나님의 말씀이 그대로 전해질 때 하나님께는 큰 영광이요, 그 하나님의 말씀을 듣는 성도는 큰 은혜와 복된 시간이 되는 것이다.

겔 3:17 "인자야 내가 너를 이스라엘 족속의 파수꾼으로 세웠으니 너는 내 입의 말을 듣고 나를 대신하여 그들을 깨우치라"

렘1:7 "내가 너를 누구에게 보내든지 너는 가며 내가 네게 무엇을 명령하든지 너는 말할지니라 "

그런데 많은 목회자들 가운데는 하나님의 말씀보다 자기 말이 더 많은 것도 문제인데도 많은 설교를 자세히 분석 검토해보면 하나님이 전하시고자 하시는 말씀보다 다른 부분이 더 많다. 언제나 하나님의 말씀은 반드시 영권이 있고 능력이 수반되나 마음 문을 닫고 은혜가 없이 듣는 사람들의 귀에는 딱딱하고 재미가 없고, 현실성, 시사성, 현대 감각에 뒤떨어진다는 핑계로 자기 말을 더 앞세우고 재미 위주, 현실성, 시사성, 현대 감각을 살리다 보면 유명인이거나, 어느 재능 있는 자의 말만 인용하다가 그만 표절이란 덫에 걸리게 되는 것이다.

연구 논문에서 남의 학설이나 서적, 주장, 사상을 인용하게 될 때는 반드시 출처를 밝혀야 된다. 그래서 논문의 본론에서는 작은 번호로 ①,②,③의 부호를 밝히고 난외지역에서나 페이지 맨 밑 부분에 긴 줄을 긋고 그 부분에서 ①번 “홍길동작” ‘신출귀몰의 내막’ 10page 8째 줄 이라고 소상하게 밝혀야만 하는 것이다.

설교문 역시 표절이 안 되기 위해서는 성경말씀 “창22:5절에 이런 말씀이 나옵니다”하고 밝히면 되고 또 어떤 분의 주장을 소개하려면 ○○○박사가 쓴 책이나 그가 발표한 논문 어느 제목 및 page라고 분명히 밝혀야 한다. 그런데 왜 안 밝힐까? 이런 것 일일이 밝히다 보니 설교의 맥이 끊기고 감화와 감동이 약화되는 반면 설교가 마치 강의시간으로 변질되는 느낌이 많으니 그냥 생략하다 보면 표절로 판명되고 만다.

설교는 하나님의 말씀을 그대로 전해야 되니 하나님의 말씀이나 성경 그대로 옮겨 실어도 된다. 거기에 자기의 의지나 뜻 그리고 사상을 덧붙이면 그 하나님의 말씀의 능력과 권능이 반감되고 만다. 그래서 하나님 말씀에는 원문 그대로 한 문장, 한 문장, 한 글자, 한 글자 수정하거나 변개치 말고 그대로 전하는 것이 전하는 자의 사명 완수인 것이다.

즉 하나님이나, 예수님의 말씀은 100% 그대로 베껴 쓰거나 말로 옮겨도 표절이라고 말할 사람은 아무도 없다. 특히 성경 인물들 (아브라함, 다윗, 솔로몬, 사무엘, 마태, 마가, 누가, 요한, 베드로, 바울)의 말은 100% 그대로 인용해도 표절이면서도 표절이 아닌 것이다.

왜냐면 이들은 그들의 복음이 100% 그대로 전해지길 원하는 분들이기 때문이다. 그래도 예의상 그분들의 이름을 밝힌다고 잘못된 설교는 더욱 아닌 것이다. 실제로 법적으로 표절의 논란에 대두되는 것은 현존 인물이나 이미 소천했으나 그의 자손들이 살아남아 있어 자기 선대의 작품이라고 주장하게 되면 논란에 휩싸이게 된다. 그러므로 언제나 출처를 밝히는 것이 설교자의 목회 윤리상 아주 잘 된 설교라고 본다.

설교 표절의 함정에 빠지지 않는 방법

1) 본문 설교를 위주로 하라(설교방식론)

2) 무엇이든지 인용, 참고한 것은 출처를 밝히는 습관을 길러라

3) 설교 횟수도, 설교 시간을 줄여 나가라.

4) 많은 기도와 많은 성경 읽기와 많은 독서를 하는 습관을 길러라

5) 성령의 영감에 의하여 설교 작성법을 터득하라

6) 설교 욕심을 내지 말아야 한다.

1) 본문 설교를 위주로 하라

설교에는 여러 종류가 있다.(제목 설교, 강해 설교, 원어설교, 예화 설교, 본문 설교 등등), 이 중에서 본문 설교만은 설교 표절 논란에서 가장 완전한 설교라고 볼 수 있다. 본문 설교의 원조라면 요한 칼빈을 들 수 있고, 한국 초대 교회 시절 영권있는 설교가들도 거의 본문 설교가 대부분이었다. 여기서 본문 설교의 예를 들어보려고 한다.

본문 설교란, 설교를 통하여 하나님께서 말씀하고자 하시는 근원적

인 뜻을 올바르게 해석하고 전달해야 하며 성령의 감동으로 오직 성경을 성경으로 해석하며 주해도 곁들여서 낱말의 하나의 의미에서 시작하여 전체적인 뜻을 밝혀 나가야 한다.(강해 설교도 여기에 해당된다)

성경본문 왕상 3:4-15절 말씀이다.

4절을 보니 솔로몬이 기브온 산당에서 일천번제를 하나님께 드렸다는 내용이 나온다. 번제의 정신은 태워서 드리는 것으로 헌신의 정신이다. 이런 헌신을 하나님은 기쁘게 받으신다. 여기 일천번제가 한 번에 다 드리는 것인지 하루 10마리씩 100일 동안인지, 하루 100마리씩 열흘 동안에 드린 것인지 본문을 통해서는 자세히 알 수는 없으나 천 번을 꾸준히 변함없이 참으면서 견디어 냈다고 볼 때, 인내의 신앙도 겸비했다고 본다. 여기 일천번제를 드렸다는 것은 나 자신과 나의 모든 것을 주께 다 바치는 헌신의 믿음에다, 참고 참으면서 견디어 낸 인내의 신앙을 하나님이 아주 기뻐 받으신 것이다.

5절을 읽겠습니다. 그 밤에 하나님이 나타나 주셨습니다. 비록 꿈이긴 하지만 하나님이 "내가 네게 무엇을 줄꼬 너는 구하라" 하심을 볼 때 하나님이 너무 기쁘셔서 받으신 번제요, 그 밤에 즉시 꿈에 나타나시어 응답의 축복을 약속하시었다. 우리도 하나님을 감동시킬 믿음을 보이면 언제나 하나님은 응답의 축복을 주실 준비가 완벽하게 갖추신 하나님이다.

7,8절을 읽겠습니다, 여기서는 솔로몬의 겸손을 엿볼 수 있다. 왕이면 교만해지기 쉬운데 솔로몬의 입에서는 "나는 종이다. 나는 작은 아이입니다. 출입할 줄을 알지 못합니다." 여기 세 마디는 하나님의 보

호와 인도만 받아야 할 사람이라면서 겸손과 온유의 모습에서 하나님의 뜻에 순종할 것을 이미 보였다고 본다. 정치, 신앙, 전쟁에 탁월했던 다윗 왕의 뒤를 잇는 분이라 많은 부담감도 있으련만 솔로몬은 더욱 겸손으로 하나님의 마음을 붙잡았다.

여기에 비해 그의 아들 르호보암을 보면, 온갖 교만한 말, 오만한 말만 골라서 말하니 하나님의 보호가 떠나 나라가 두 쪽 나고, 10지파가 떠나버리고 만다. 하나님은 언제나 교만한 자에겐 대적하시고, 겸손한 자에겐 은혜를 베푸시는 우리 하나님이다.

9,10절을 읽겠습니다. 솔로몬이 하나님께 구한 것은 "지혜로운 마음을 주사"였다. 여기서 지혜에 해당하는 '쇼메아으' 원형 '솨마으'는 '듣다'(창3:10), '순종'(창26:5)이다. 그래서 여기 "지혜로운 마음을 주사"는 하나님의 말씀을 잘 듣고 그대로 순종해 나가겠다는 뜻이다. 그래서 "주의 마음에 든지라" 기록이 나옵니다. 하나님의 말씀을 잘 듣고 순종하겠다니 하나님이 너무 기뻐셔서 구한 것은 물론이거니와 구하지 않은 것까지 덤으로 듬뿍 주시겠다고 약속한다.

11절을 봅니다. 솔로몬은 기도할 때 자기를 위해 구하지 않았다. 장수도, 부요도, 원수의 생명 멸절도 구하지 않았다. 오직 하나님의 백성을 하나님의 뜻대로 잘 인도하기 위하여 하나님의 말씀을 잘 듣고 그 말씀대로 순종해 나가겠다니 하나님의 마음에 들게 되고 엄청난 것을 더 받게 된다,

12절을 봅니다. 심지어 너와 같은 자는 전에도 후에도 없을 만큼 또 너와 같은 자 일어남이 없으리라고까지 하나님이 약속해 주신다. 우

리는 항상 자기를 위하여 구하는 것에 익숙하다. 그러나 하나님은 자기를 위한 것보다 먼저 하나님을 위한 것과 그리고 이웃과 하나님의 교회를 위해 구하는 것을 더 좋아한다. 대하16:9 "여호와의 눈은 온 땅을 감찰하사 전심으로 자기에게 향하는 자를 위하여 능력 베푸시나니" 하나님은 이런 자에게 은혜 주시길 기뻐하신다.

믿음 없는 자들은 자기가 하고 싶은 일들을 많이 한다. 목회자들이 주의 일을 한답시고 자기 하고 싶은 대로 다 하면서 주의 일이라고 포장한다. 그러나 믿음의 목회자들은 하나님이 주신 사명대로 살길 원한다. (예, 사도 바울) 솔로몬도 사람인지라 자기가 하고 싶은 일이 얼마나 많았으며 큰 포부도, 큰 소원도 남달랐을 것이다. 그러나 솔로몬은 하나님의 일꾼으로 왕의 사명을 주를 위해 감당해냈다.

이 땅에서 하고 싶은 일만 하다 죽는 사람보다는 하나님 앞에서 하나님이 주신 사명대로 작지만 하나님의 일만 해 나가는 사람이 더 아름다운 인생이요 하늘나라의 주인공이 될 것이다.

14절을 보겠습니다. "네 아버지 다윗의 행함 같이 내 길을 행하며 내 법도와 내 명령을 지키면" 여기 "법도"와 "명령"은 곧 하나님의 말씀인 성경말씀이다. 그 어떤 누구도 법도와 명령에서 비켜갈 인물은 없고 왕도 여기 "법도"와 "명령"을 반드시 따라야 하는 것이다.

축복이란 받는 것도 어렵지만 축복을 지켜가는 것은 매우 어렵다. 평생 하늘나라 갈 때까지 이 "법도"와 "명령"대로 지켜 나가야만 유지할 수 있다. 그런데 솔로몬에게는 너무 과분한 복을 받게 된다. 이 법도와 명령을 지키다가 도중에 중지하게 된다. 솔로몬의 말년이 은혜롭지 못했다.

이제 설교의 결론을 맺고자 한다. 세상 사람들은 다 五福(오복)을 받고자 한다. ①壽(수) 오래 사는 것②富(부) 부자로 사는 것 ③健康(건강) 무병장수 ④ 修好德(수호덕) 덕있게 사는 것 ⑤ 考終命(고종명) 죽을 때 평안히 죽는 것. 그러나 우리 성도는 이런 소원보다는 하나님을 기쁘시게 하기 위해 헌신적인 신앙과 인내의 믿음과 겸손의 믿음으로 살면서 하나님의 말씀을 잘 듣고 순종할 마음인 지혜로운 마음을 소원한다면 하나님의 전무후무한 은혜와 복의 생활을 누릴 것이다.

2) 무엇이든지 인용, 참고한 것은 출처를 밝히는 습관을 길러라

그간 습관이 안 된 목회자들도 이젠 양심의 어긋남 없이 출처를 밝혀야 한다. 출처를 밝히지 않으면 자연 남의 설교 원고를 베끼게 되고, 설교 준비가 빈약하게 되고, 먼저 양심이 괴로워 자신도 괴롭게 된다. 제일 먼저 하나님이 싫어하시고 성령의 역사가 쉬므로 아무것도 할 수 없는 무능력자가 되기 쉽다.

자신도 양떼도 다 싫어하는 것이 되어 설교가 은혜롭지 못하고 시험에 빠지기 쉽고, 어떤 말씀을 해도 하나님이 역사하시지 않는 무기력증에 빠지기 쉽다. 설교가는 항상 자유로워야 한다.

3) 설교 횟수 및 시간 등을 줄여라.

한국 목회자의 58%가 한 주간에 10번 이상의 설교를 한다는 통계가 있다. 물론 설교 많이 하는 건 참 좋은 일이다. 그러나 설교 횟수를 줄이는 것이 설교 증후군이나, 설교 노이로제에 걸리는 것보다 낫다. 원래 주일 대예배는 설교 은혜 중심으로, 주일 오후 예배는 찬양 중심으로, 수요일, 금요심야, 새벽예배는 기도 중심의 모임이 되면 설교 횟수도 줄이게 된다. 주일 오후는 찬양 중심으로 찬송가나 복음송의 내용으로도 은혜받을 수 있다. 금요심야예배도 찬양, 간증, 기도의 순으로 은혜의 시간을 이을 수 있다. 새벽예배는 성경 한 장 씩 읽고 그 날의 기도제목 3-5개 성경 본문에서 추출 기도할 수 있도록 하면 된다. 수요일도 성경 한 책을 정하고 강해해 나가든지 공과로 온 교인이 성경공부 형식의 설교도 가능하다. 이렇게 줄이면 주일 낮 설교만 잘 준비가 되므로 얼마든지 설교 표절에서 빠져나올 수 있다.

그리고 동사목사, 부목사, 강도사들에게 한 파트씩 맡겨서 설교 횟수를 대폭적으로 줄여 나가야 되고 설교 시간도 과감하게 줄여나가야 된다.

4) 많은 기도와 많은 성경 구독과 많은 독서의 습관을 길러야 한다.

느헤미야 시대엔 낮 사분의 일(3시간) 기도하고, 낮 사분의 일(3시간) 성경을 읽었다. 느9:3 "이 날에 낮 사분의 일은 그 제자리에 서서 그들의 하나님 여호와의 율법을 낭독하고 낮 사분의 일은 죄를 자복하며 그들의 하나님 여호와께 경배하는데" 이렇게 하루 6시간을 투자해서 기도와 성경을 읽는다면 반드시 유명한 설교자가 될 것이다. 거기에다가 매주간 신간 서적 한권씩 사서 읽는다면 1년에 52권, 2년에 100권이 넘는다.

5) 성령의 영감에 의하여 설교 작성법을 터득하라

설교 한 편을 작성할 때마다 해산하는 수고로 최선을 다하여 성령님의 도우심을 간절히 사모해야 한다. 하나님을 찾고, 성령님의 도우심을 바라고, 자신을 온전히 드리면 반드시 성령님이 도우심으로 응답하시고, 부끄럽지 않는 설교 원안이 작성되게 된다.

그래야 하늘을 향해서나, 자신을 향해서나, 온 교회 앞에서도 한 점의 부끄러움이 없는 설교자로 우뚝서게 된다. 말의 설교는 위대하지 않다. 히11:4 "믿음으로 아벨은 가인보다 더 나은 제사를 하나님께 드림으로 의로운 자라 하시는 증거를 얻었으니 … 그가 죽었으나 그 믿음으로서 지금도 말하느니라" 여기서 아벨은 살았을 때도 하나님께 인정받았으나, 죽은 후 그의 위대한 설교는 6천년간 이 땅에 설교해주고 있다.

설교란 말의 잔치같으나 그의 생활과 그의 죽음 후에 그에게 나오는 설교가 진정한 설교로 우리에게 심금을 울려주고 있다. 손양원 목사의 말의 설교를 나는 한 번도 들은 적이 없다. 그러나 그의 죽음 후에 그의 생애는 우리에게 얼마나 큰 설교를 해주고 있는가. 그래서 설교자는 매 시간, 매일 행동과 생활이 설교요, 죽음 후의 설교 역시 큰 감동을 주어야 한다.

6) 설교 욕심은 내지 말아야 한다.

목회자가 빠지기 쉬운 함정은 유명한 설교자가 되고 싶은 욕망 때문에 망하기 쉽다. 유명한 설교자가 되기 위해서는 많은 사람에게 감동과 감화를 주어야 한다. 영성과 곧 기도와 말씀으로 감화와 감동이 있어야 하는데, 많은 시간이 필요하고 많은 노력이 필요하니 쉬운 방법으로 여러 가지를 참고하다 보니 설교 표절에 자기도 모르게 빠져들게 되는 법이다.

남보다 잘해야 되겠다는 욕망이 문제이다. 신앙과 목회는 경쟁적으로 하면 안 된다. 약1:15 "욕심이 잉태하면 죄를 낳고, 죄가 성장하면 사망을 낳는다"고 기록이 나온다. 친구, 동역자들은 설교를 잘 하는데 나는 왜 못하는가? 이걸 느꼈다면 엎드려 회개 기도하며 하나님께 간구해야 되는데 이것보다 쉬운 일은 인본적인 방법인 설교집을 많이 사서 여기저기 참고 자료만 뒤지다 보면 쉬운 방법이 눈에 들어오도록 되어 있다. 기독교 서적은, 신앙서적(신학)은 안 팔려도 설교집은 잘 팔린다는 말이 이것을 증명해주고 있다.

설교 잘하는 칭찬 듣기 위해 듣는 성도 눈에서 눈물 빼는 작전 또 배꼽 이사가도록 웃기는 작전, 양면 작전을 구사하다보니 '원맨쇼' 같은 코메디로까지 등장하게 된다. 왕상 3장의 솔로몬처럼, 하나님이 기뻐하시는 방법만 순종할 때 하나님이 기뻐 받으시는 복된 축복이 왔다.

신학 교육하는 신대원에도 문제가 있다. 설교학은 배웠으나 설교 작성법을 확실히 배우지 못하니 어떤 것이라도 참고하고 작성하면 되는 줄로 착각하게 되고 만다. 더구나 전도사 때부터 무조건 설교를 맡겨 훈련시킨다고 실행하니 나름대로 작성한다는 것이 거의 설교표절에 빠지게 된다. 신대원에서부터 이런 과목을 철저히 가르치는 교수도 없고 과목도 없다. 그러니 설교 표절 전도사들 양성소가 되기 쉬운 것이다.

나의 찬송가(讚頌歌) 학(學)

예배의 정의

Worship(예배)이란 말은 값(가치)을 올린다는 뜻에서 왔다.

어떤 값(가치)을 하나님께 올린다는 것은 넓은 의미에서 하나님께 존경을 바치는 행위이며, 하나님이 하나님 되심을 찬양하며, 그의 위대함을 감격하여 존귀함을 돌려야 한다. 그렇다면 예배는 하나님의 최고 권위를 인정하는데서 시작되는 동시 그 위대함에 비추어 인간 자신의 부족함을 깨닫는 것이 되어야 한다. 즉 나의 모든 생을 주관하시는 하나님께 나의 전 생애를 바쳐드려야 한다. 그래서 예배는 하나님의 뜻에 자기 자신을 굴복시키는 행위이다. 예배란 찬양 기도, 헌금, 축도이다. 여기에 성경통독도 들어간다. 오늘날 교회에서 드려지는 예배에선 설교 광고, 기타행사는 예배가 아니다.

찬양은 하나님께 영광 돌리기 위한 영적인 목표를 음악이라는 도구를 통하여 성령의 도우심에 의한 예술적 화답인 것으로 결국 영적인 봉사로 드려진다. 찬미 중에는 사람을 기쁘게 하기 위한 개인적, 사적 목표를 위한 음악이라는 도구를 통하여 세속적인 예술적 연구를 통한 것으로 오락과 자기 환희가 성취되는 경우도 많이 있다.

원래 찬송가는 세 분류로 나눌 수 있다.

1. 예배 찬송가(Hymns)

A.D. 633년 톨레도회의에서 성 어거스틴이 제안한 개념이 채택되었다. "노래로 하나님을 찬양하는 것을 찬송이라고 한다." 즉 기도하는 노래로써 하나님이나 삼위 중 일위에게 간구하는 것이다. 그래서 찬송은 거룩해야 되고 경건하게 표현된 서정시(서정시: 정서를 그려냄. 작가 자신의 감동과 정서를 주관적으로 서술한 음율의 문학)이어야 한다. 그래야 하나님을 향한 예배자의 태도이며, 하나님의 목적을 찬송으로 나타내는 것이니 순수하고 감동적이어야 하고 신령하고 화합된 무리들이 한마음으로 불러야 한다. 그 예로 3가지만 든다.

1) 예배 찬송가 ① 거룩 거룩 거룩 (8장) ② 온 세상이 캄캄하여서 (84장)

2) 기도 찬송 ① 나의 생명 드리니 (213장) ② 우리 기도를 주여 들

으사 (631장)

3) 감사 찬송 ① 다 감사드리세 (66장) ② 묘한 세상주시고 (합 312장)

이 예배 찬송에선 반드시 "아멘" 코드 있음이 필수적이다. 그러나 "후렴"은 없는 것이 특징이다. 즉, 기도하는 마음으로, 감사하는 마음으로, 간절한 호소력과 굴종적으로 경건하고 신령하게 부르며 직접적이고 주관적인 특성도 잊지 말아야 한다. 우리 찬송가에 1장에서 197장까지 한데 묶어 놓았다.

2. 복음 찬송가(Gospel Hymns)

이 찬송을 받는 대상은 간접적으로 하나님이거나 또는 3위중 1위가 될 수 있다. 십자가, 보혈, 구원, 사랑, 창조, 성경, 교회, 천국 등으로 간접적으로 하나님을 찬양한다. 대표적 찬송으로 ① 주 예수 넓은 품에 나 편히 안겨서 (417장) ② 구주의 십자가 보혈로 (250장) ③ 갈보리 산 위에 (150장) 등을 예로 들 수 있다.

이 복음 찬송가는 자연히 서사시(서사시: 사실을 그대로 말함. 흔히 민족, 국가의 영웅들의 사적을 객관적으로 서술한 노래-오딧세이, 인물전기,영웅전)의 성격일 수밖에 없으며, 이 복음 찬송가의 끝에는 "아멘" 코드를 붙이지 않는 것이 원칙이나 복음 찬송가 일지라도 찬송가로 끝나는 경우는 "아멘"코드를 붙일 수 있다. 원래 이 복음 찬송가는 설교 전, 후 사용이 많고 "후렴" 역시 있을 수 있고, 없어도 무방하다. 특징은 객관적이면서 서술적(차례를 좇아서 진지하게)으로 진지하고 감사한 마음으로 불러야 한다. 우리 찬송에선 198장에서 289장까지 한데 묶어 놓았다.

3. 복음 성가(Gospel Songs)

예배 찬송가와 복음 찬송가는 아래에서 위로 올라가는 상향식(上向式)인데 반해 복음성가는 옆에서 옆으로 전하는 측향식(側向式) 성격이 있다. 이 복음 성가는 받는 대상이 인간들(성도 또는 불신자)이므로 예배용 찬송으로는 사용할 수 없는 것인데 한국 교회 예배에선 복음성가가 더 많이 자리잡고 있다. 특히 그리스도의 복음으로 구원받은 성도들이 그의 간증을 노래하거나 특히 불신자들에게 교훈과 권면, 위로와 진도를 노래에 담아 전하는 것이니 부흥집회나 절기, 기념 전도 집회 때 많이 사용된다. 상대가 인간이기 때문에 "아멘" 코드를 붙일 수 없으며 "후렴"은 대부분이 있다.

그래서 예배 찬송으로는 절대 부적합하며 특성은 직접적이고 주관적이다. 감흥과 흥분적인 것이 많으나 기쁨이 충만하고 진지한 호소력이 있는 것이 장점이다. 그 예로 몇 개 들면

① 부름 받아 나선 이 몸 (323장) ② 주 예수 내 맘에 들어와 계신 후 (289장) ③ 어둔 밤 쉬되리니 (330장) ④ 예수가 우리를 부르는 소리 (528장) ⑤ 어서 돌아오오 (527장) ⑥ 너 근심 걱정 말아라 (382장)

여기서 323장은 "아멘" 코드를 붙인 것은 찬송가 위원회의 실수이다. 현대 우리 찬송가에선 290장에서 645장까지 이 부류에 속한다.

우리 찬송가에 수록되지 않은 복음 성가가 매일 쏟아져 나온다. 아마 수천 곡은 된다.

한국 교회에서 잘못 인식 또는 시행되는 찬송 행위를 열거함.

1. C.C.M(Contemporary Christian Music)

현대 교회 음악 (복음 성가). C.C.M 은 아래 10가지 오류 투성이다.

1) 감정적인 면에만 치우치기 쉽다 : 찬양은 지정의 3요소가 균형을 이루어야 한다.

2) 자신만을 즐겁게 하기가 쉽다 : 육체의 쾌락과 향락 중심으로, 오락으로 치우친다.

3) 자기 중심이니 곧 이기주의자로 만든다 : 이기주의, 주관주의, 상대주의, 실용주의, 인본주의로 흘러감.

4) 성도의 신앙을 저하시킨다. 성령님과 영혼이 상관없는 대중가요식이니 영과 육이 자라지 못한다.

5) 우상숭배로 안내한다 : 하나님보다 자기가 우상화된다. 예배중심보다 자기만족중심 우상으로 흘러간다.

6) 전통적 예배의식을 파괴한다 : 하나님께 진정한 예배보다 열린 음악회식으로 전통예배 의식 파괴 선호.

7) 기성 세대와 신세대간의 벽을 쌓는다 : 기성세대(전통적 경건 찬

송 중심) 선호, 신세대 (자유분방적 찬송 중심) 선호한다.

8) 작사, 작곡자 저질로 자격 부족자가 많다 : 먼저 신앙의 바탕 위에 예술적 지혜가 겸비해야 하는데 먼저 신앙의 바탕이 없을 때 문제가 있다.

9) 가사나 곡조가 빈약하고 세속적이다 : 하나님 찬송으로 가사나 곡조를 탈피, 대중가요 형식이 많다.

10) 비성경적이며 연합운동을 촉진한다 : 신앙고백, 신앙노선을 달리해도 C.C.M으로 연합된다.

이 10가지 이유 이외에도 C.C.M의 피해는 많다. 이 피해로 한국 교회는 멍들어가고 있다.

2. 록음악이 교회에선 받아들일 수 없는 음악이다.

릭 워렌(새들백 교회) 목사는 크리스챤 록음악을 "새 노래"(New Songs)라고 강조한다. 시 96:1 "새 노래로 여호와께 노래하라"를 오해해서 그 교회에선 경건한 찬송가는 물론 찬송가 자체를 부르지 않는다. 어떤 음악이든지 메시지만 전달되면 된다는 취지이다. 이것은 궤변이며 철저한 주관주의, 개인주의, 상대주의, 쾌락주의로 진리의 절대성과 보편성을 부인하는 우를 범한다. 록음악은 20세기 후반 들어서 큰 부정적 영향을 발휘하나 사회적으로나 윤리적, 문화적으로도 다방면에서 부정적 영향을 끼치는 타락된 음악이요, 사탄의 음악이다.

그 내용도 성적 음란, 기존질서파괴, 반항, 음주, 폭력, 마약, 타락,

동성연애, 허무, 자살, 사탄숭배가 주를 이룬다. 이토록 세속적이고 저속한 음악이 신성한 교회에 침투한 것이다. 이를 미화해서 크리스챤 록음악이라고 변장해서 들어왔다. 그래서 이 음악은 오케스트라 연주회 (관현악 연주회) 같은 곳은 물론 보통의 클래식 음악회에서도 끼지 못한다. 어찌 하나님 앞에서 이런 음악으로, 이런 중심으로 드리겠는가? 이런 것을 하나님이 받으실 리 없다. 그래서 개혁교회에서는 크리스챤 록음악은 절대 받아들일 수 없는 사탄의 음악이다.

3. C.C.D(Contemporary Christian Dance) 또는 W.D(Worship Dance) 춤으로 경배 가능한가?

시 150:4 "소고치며 춤추어 찬양하며 현악과 퉁소로 찬양할 지어다"

이 성경을 들어 춤으로 예배가 가능하고 기타나 여러 악기로 예배가 가능하다고 주장한다. 성경에 춤이란 22번 나오는데 구약에 18회, 신약에 4회가 나온다.

주석의 대가 박윤선 주석에는 (시편 주석 P439) "손뼉을 치는 것은 기쁨이 충만한 행동이니 그저 기쁨으로 찬송 부르라는 말씀이지 이것을 실제로 손뼉을 치는 것을 종교 의식처럼 가지라는 명령이 아닌 것이다." 여기 나오는 퉁소, 현악기가 오늘날 전자기타, 드럼, 기타, 키보드를 가리키는 것도 아니고 성경에서 나오는 많은 악기들도 제사 때나, 예배 때는 사용치 않았고, 절기나 경축일이나 축제 때나 사용하였고, 다윗 왕때, 대제사장이나 제사장이 제사 행위를 할 때 악기 담당자들이 멀리서 연주로 화답했지 오늘날 우리 예배처럼 예배 전체를 차지하거나 시작부터 끝까지 주도하지 않았다. 다윗, 솔로몬 시대 이후에는 곧 사라지고 말았다. (시편에 나오는 많은 악기 사용도 이 악기들로 종교 행위를 하라는 명령이 아닌 것이다.)

시 150:4은 신약시대에서는 신령과 진정으로 예배드리는 것이 참된 예배이지 C.C.D, W.D으로 드리거나, 여러 악기 동원이 마치 신령한 예배로 착각해서는 안된다. "새노래"도 성도가 하나님의 은혜를 새롭게 깨달아 심령으로 새롭게 되어 기쁨으로, 즐거움으로 부르는 노래이며 성경의 진리를 깨달은 기쁨으로 드려져야 한다.

현대교회에서 복음성가에 맞추어 춤추는 형태나 크리스천 록음악에 맞추어 열광적으로 춤추는 형태는 십계명 받으려 모세가 시내산 올라간 후 아론이 만든 금송아지 우상 앞에서 온 이스라엘 군중들이 난동 춤, 전쟁의 소리 같은 춤의 결과론으로 여호수아와 갈렙을 제외한 60만 장정이 다 광야에 쓰러져 죽고 가나안에 들어가지 못했다.

C.C.M, C.C.D, W.D.나 크리스천 록음악 같은 형식이 구약시대 성전예배나 회당예배, 신약시대 초대교회 예배, 기독교 2천년 역사 속에서 그 유형이나 뿌리를 찾아볼 수 없고 20세기에 돌연변이로 생겨난 사탄음악이요, 하나님이 지옥으로 보내시기 위해 일시 허용된 음악이니 개혁교회에선 순교 각오하고 막아내야 한다.

4. 찬송가의 토착화로 민요나 멜로디와 리듬, 가요로 부를 수 없을까?

세계 각국에 국가, 민요, 오페라가 찬송가에 실린 것이 많이 나온다. 그 예로는,

① 독일 애국가가 210장 "시온성과 같은 교회"이다. 하이든이 오스트리아 애국가로 1797년 1월에 작곡했으나, 1937년 독일의 히틀러가 독일 연방 애국가로 탈취해서 오늘날 독일 애국가로 사용하고 있다. 2002년 월드컵 때 우리는 애국가, 독일은 찬송가를 부르니, 우리가 1:0으로 분패할 수밖에 없었다.

② 영국 애국가가 70장 "피난처 있으니"이다. 1650년 토마스 크리스토드가 시 46편을 토대로 작시했고 헬리 켈리가 작곡하여 영국의 애국가로, 미국의 애국가로도 사용되기도 했다.

③ 스코틀랜드의 민요, "애니로니"가 찬 439장 "하늘가는 밝은 길"이다. 처녀 작곡가 스칼이 민요로 작곡했으나 소안론 선교사가 지은 찬송가로 불리면서 유명한 찬송이 되었다.

④ 스코트랜드의 민요, '올드랭사인' 은 찬 280장 "천부여 의지없어서"이다. 스코틀랜드에선 주로 이별 할 때 많이 부르고, 찰스 웨슬레 찬송가로 유명해졌다. 민요가 찬송가가 된 것은 그만한 인증을 거쳐 영국교회가 제정한 것이다.

⑤ 미국 소방대원 행진곡인데 348장 "마귀들과 싸울지라" 찬송가이다. 존 윌리암 스테프가 소방대원 행진곡으로 작곡했으나 쥬리아와

드하우 여사가 찬송 가사를 붙여 씩씩한 찬송가로 변신되었다.

⑥ 루소의 오페라 '마을의 점쟁이'가 찬송가 96장 "예수님은 누구신가"가 되었다. 장작크 룻소가 1752년 오페라 곡으로 작곡한 것을 죠셉 하트 목사가 찬송시를 붙여 찬송가로 곡을 붙이게 되어 생겨났다.

⑦ 도니제티의 오페라 '루치아'가 찬송가 580장 "삼천리 반도 금수강산"이 되었다. '루치아' 3막 8장의 합창 부문에 남궁억 선생이 1907년 애국가로도, 찬송가로도 전용되어 불렀다. 이 찬송가는 예배 찬송으로 불가하고 애국심 고취의 복음성가이다.

⑧ 하슬러의 연가 '내 마음의 혼란'이 찬송가 145장 "오 거룩하신 주님"이 되었다. 독일의 하슬러가 작곡한 것에 성 버나드가 작시하여 영어로 번역한 찬송가이다.

⑨ 베버의 오페라 '마탄의 사수 서곡'이 찬송가 549장 "내 주여 뜻대로"가 되었다. 휼 부룩이 편곡하였으며 슈몰크(독일 루터교 목사)의 대표작 찬송가이다.

⑩ 연회석에서 부르는 독일 민요가 찬송가 43장 "즐겁게 안식할 날"이 되었다. 독일 민요곡에 로웰메이슨 박사가 편곡하고, 크리스퍼 워즈워쓰가 찬송시로 찬송가가 되었다.

⑪ 미국 가요－88장 "내 진정 사모하는"

－352장 "십자가 군병들아"

－364장 "내 기도하는 그 시간"

－509장 "기쁜 일이 있어 천국 종 치내"

⑫ 영국 민요－21장 "다 찬양하여라"

—184장 "불길 같은 주 성령"

⑬ 아일랜드 민요—484장 "내 맘의 주여 소망되소서"

⑭ 독일 민요———26장 "구세주를 아는 이들"

—32장 "만유의 주재"

—69장 "온 천하 만물 우러러"

—378장 "내 선한 목자"

⑮ 프 랑 스 민요—125장 "천사들의 노래가"

—163장 "할렐루야 할렐루야"

⑯ 네델란드 민요—39장 "주 은혜를 받으려"

—68장 "오 하나님 우리의 창조자시니"

⑰ 스 웨 덴 민요—79장 "주 하나님 지으신 모든 세계"

⑱ 필 란 드 민요—397장 "주 사랑 안에 살면"

⑲ 미국 민요———108장 "그 어린 주 예수"

—305장 "나 같은 죄인 살리신"

이외에도 너무 많아 일일이 기록할 수 없음을 양해해 주시기 바랍니다.

그래서 우리의 정서에 맞고, 고유의 가락, 리듬, 곡조에 맞추어 찬송가를 제작해야 한다고 한다. 그러나 중세 시대나 마틴 루터 종교개혁 시대, 청교도 시대의 노래와 민요는 오늘의 우리 노래와 민요와는 전혀 다르다. 2천년 동안 유럽 각 국과 미국의 민요와 오페라 등 노래들은 백성 전체의 종교성과 도덕성이 완전 기독교 문화에 근거해서 모두 산출된 것들이기에 찬송가에 적합했던 것이다. 그러나 우리의 정서에 맞는 고유의 가락과 리듬, 곡조는 불행하게도 신앙 중심의 것이 아니고 육신적인 즐거움과 쾌락에 근거된 노래들이다. 즉 중생한 영혼이 부르기에는 아무 소득이 없고 더구나 하나님께 영광이 되지 않는 음악이다. 금번 찬송가에 한국 사람이 작사자 102명 124곡 작사, 작곡가 81명이 128곡 작곡한 찬송이 수록되었다.

우리 농악으로 찬송하면 안 되나? 우리 농악은 귀신 내쫓는 음악이다. 어찌 하나님이 받으시겠는가? 우리 정서에 맞는 음악과 현대 음악은 시내산 밑에서, 금송아지 앞에서 광란적, 타락적인 음악보다 더 광란적이고 전자기타, 색소폰, 기타 등으로 오히려 그들보다 더 광신적이며 퇴폐 타락적인 음악이니 하나님이 받으실 리 없다. 마귀가 경건하고 정숙한 예배 찬송을 우리 영혼을 혼란시키기 위해 생겨난 음악이 현대 음악적 특색이다. 간혹 악을 쓰는 것이 요즘 음악의 대세이다.

5. 그 외 예배 시 부정적인 것들을 간단히 소개하고자 합니다.

① 찬송 부를 때 힘차게 부른다고 박수치며 부르는 행위(찬송은 거룩하고 신령해야 한다)

② 찬송은 마음대로 편곡, 가사를 미리 부르고, 찬송시간에 설교 형식으로 외치는 일.

③ 찬양대라고 불러야지 성가대라고 불러서는 안 되는 일(일반종교도 성가라 한다)

④ 특송 전, 후 인사하고 박수로 화답하는 일(영광의 박수로 화답합

시다)

⑤ 찬양대 찬양 시 강대상의 목사님은 서 있지 말아야 될 일 (찬양 받는 주체가 아니기 때문이다)

⑥ 찬양 시에 양손을 번쩍 들고 하거나 한 손만 들고 하지 말아야 할 일 (찬양은 반드시 일어서서 양손은 찬송가를 붙들고 최고 단정한 자세이어야 한다. 지금 우리 예배 처음과 끝부분의 찬양은 서서 부른다)

⑦ 원래 신약 시대 예배에서는 악기는 필요치 않으나 찬송 곡을 음 잡기 힘드니 피아노 정도는 무난하되 전자 기타나 드럼, 전자 올겐, 색소폰은 삼가야 할 일(이런 악기들은 사람의 정신을 마비시키는 요소가 내제된 악기들이다. 관현악과 모든 악기 동원도 진정한 예배라고 볼 수 없다. 오직 신령과 진정으로만 찬송 불러야 한다.)

⑧ 헌금 시간에 찬송 부르지 말 것(찬양대나 특송, 중창단의 찬양은 가능함) 찬양이 얼마나 하나님께 드리는 거룩한 예배인데 헌금 위원들의 왕래, 헌금 행위로 움직임(헌금함 사용이 대안이라고 본다, 외국 선교사들이 가장 이해할 수 없는 대목이라고 간증한다.)

⑨ 바쁘거나 시간없다고 1절과 4절만 부르는 행위, 아니면 1절만 부르는 행위는 삼가야 한다(외국 선교사들이 이해할 수 없는 대목이라고 한다)

⑩ 복음성가를 불러도 끝에서는 온 교인 화답으로 "아멘"이란 코드로 화답하지 말 것. 어느 찬송가든 우리 청중들에게 드리는 것이 아니기 때문이다.(처음부터 준비해서 드려야 되는데)

⑪ 찬양대 찬송 끝나면 "아멘"으로 전교인이 화답하지 말 것. 하나

님만 받으실 찬양을 우리 모두 참여하고 받게 되는 우를 범하게 된다(준비도 없고, 내용도 모르고, 찬양 뜻도 모르면서 "아멘"만 해서는 안 된다.)

⑫ 성경 봉독 후 "아멘"으로 화답은 하나님이 내리신 말씀을 인정하는 것이다.

⑬ 기도하는 사이 사이, 설교하는 사이 사이, 찬송 부르는 사이 사이, "아멘" 열창은 삼가야 한다. 예배는 경건, 정숙, 신령하게 드리고 속으로 아멘, 아멘 하다가 마지막 기도 끝나거나, 설교 끝날 때 "아멘"은 가능하다고 본다.

⑭ 찬송가나 성경 본문을 스크린 영상으로 비추는 일을 삼가야 한다. 그리하므로 교인들이 성경, 찬송가 가지고 올 필요가 없어지고 만다. 성경, 찬송가는 교인과 목회자의 생명과 같은 것인데 교회 뒤 비치하거나 영상에 의존, 가지고 다니지 않게 만드는 장본인이 되고 만다. 스크린은 찬송가에 없는 복음 성가 때만 활용하면 좋을 듯하다. (주보도 그런 것의 주범이다.)

결론

예배는 소름이 끼칠 정도로 정숙하고, 경건하고, 신령해야 한다. 찬송 역시 하나님께 올려 드리는 예배인데 하나님이 받으실 찬송을 올려 드려야지, 받지 못할 것을 올려드리면 안 된다. 약이 좋은 것이되 모든 약이 다 좋은 것만은 아니다. 특히 독약같은 약도 많이 있다.

예배 찬송가 선곡에 목사는 신중해야 한다. 예배찬송가, 복음 찬송가, 복음성가를 구별하지 못해서 아무 찬송가라도 부르기만 하면 되는 것이 아니고 적합한 찬송을 선곡해야 한다. 무분별한 찬송 선곡으로 한국교회 찬송예배는 무질서하고 저질 예배가 되어 버렸다.

다윗 왕 때 많은 찬양대와 악기가 동원되었었다. 그러나 하나님이 기뻐하지 않으셔서 솔로몬 왕 이후에 사라지고 살았다. 기독교는 예수님이 모든 것의 표준이 되어야 한다. 예수님이 공생애시 악기나 박수, 열정적 아멘, 두손 들고 찬양이 없었다. 밤이면 감람산으로 습관적으로 올라가시면서, 찬송을 부르시며 올라가셨다고 성경은 말한다. 예수님 당시 회당예배에선 "시(시편) 와 찬송과 신령한 노래로 서로 화답했다"(엡5:19). 시편의 내용을 그냥 읊거나 단조롭고 경건한 노래로 불렀다.

아멘은 통합 찬송가에선 아멘 있는 것이 40%, 없는 것이 60%로 잘 조화를 이루었는데, 현재 우리 찬송가에선 아멘 있는 것이 312장, 아멘 없는 것이 333장으로 도합 645장으로 거의 대등하게 구성되었다. 아멘 구성에 찬송가 위원회에서 조화를 잘 못했거나, 아멘을 무분별하게 허용을 많이 한 실수를 범했다고 본다.

이제 교회 예배드릴 때 복음 성가 위주로 흥분적 예배 분위기로 이어가거나 우리 가락 민요풍, 대중가요적 찬송은 찬송이 아니니 배제하고, C.C.M, C.C.D, W.D나 크리스챤 록음악이 교회에서 추방되어야 할 음악이라고 본다.

거기다 춤과 많은 악기, 이런 것으로 예배드리라는 성경구절이 없고, 기독교 2천년 역사에서도 종교의식으로 자리 잡은 때가 없었는데 말세가 되니 요즘은 찬송부터 타락의 모습, 성경에서 멀리 떠난 모습으로 변모되어 버렸다.

시내산 밑에서 금송아지와 춤추며 뛰며 소리소리 지르던 그 때보다 더 광란적이고 더 퇴폐적인 현대 교회 음악을 우린 갱신해 나가야 한다.

막 14:26 이에 그들이 찬미하고 감람산으로 가니라 (마 26:30)

눅 22:39 예수께서 나가사 습관을 따라 감람산에 가시매
제자들도 따라갔더니

성탄 계절만 되면 아리송한 문제들

1. 성탄절 날짜는 어느 날이 정확한 날인가요?

우리가 지키는 성탄절은 12월 25일이다. 그러나 성경이나 외경, 위경에도 날짜의 기록은 전혀 나오지 않는다. 서방교회는 A.D 336년부터 성탄 행사를 시작했고, 동방 교회는 몇 년 늦게 행사를 시작했다. 동방교회는 1월 6일을 성탄일과 수세일(세례요한으로부터 예수님이 세례받은 날)로 알고 시행했다. 그러니 A.D 336년 이전에는 성탄이라는 말 자체도 없었고 아무도 생각해 내지 못했다. (안나 : 메시아 오심을 60~70년간 성전을 떠나지 않고 기도로 기다린 자도 몰랐다.)

로마시대에 로마인들이 지키는 '아우렐리우스' 황제 생일을 "로마인들의 대 축제의 날 (태양절)"로 12월 25일로 지켰다. 동방, 서방교회가 성탄절 제정을 염두에 두고 작업을 하게 되어 A.D 379년 12월

25일에 최초로 성탄 행사를 가지게 된다.

즉, 로마의 태양절인 12월 25일에 온 나라가 떠들썩한 행사를 하는 풍습에 의해 기독교 역시 성탄절 행사를 거창하게 지키는 풍습으로, 로마의 태양절 풍습에서 접목된 것이다. 로마의 멸망으로 로마의 풍습은 사라지고 기독교 성탄절 행사 지키는 풍습의 색채만 남게 되었다. (오종덕 목사 저, "그리스도인의 경제관" 35~36p)

성탄절의 확실한 날짜는 알 수 없다. 서방교회는 대체로 로마의 영향을 받아 12월 25일로 지키나 히포리투스는 1월 2일로, 클레멘스는 5월 20일로 알렉산드리아의 동방교는 1월 6일로 지키고, 동방교회는 12월 25일부터 1월 6일까지 에피판 절기라고 12일간 성대히 지킨다. 그 외에도 3월 28일로, 4월 18일로 지키는 교파들도 있다.

우리나라는 미국 선교사들이 전해 준대로 12월 25일을 성탄절로 알고 지켜왔다. 그러나 이 날이 정확하다고는 어느 고증에도, 문헌에도 없으며 그 누구도 올바른 성탄일에 대해 논하는 사람도 없다. 이렇게 논하는 것 자체가 아마 다니엘 학회가 최초일 것이다.

그러나 이제 초림하신 예수님의 생일날짜, 년, 월, 일도 제대로 모르면서 목회생활 40년 성도로 평생 살아왔다는 것이 너무 부끄럽고 한심한 생각이 든다.

우리 고향 시골 교회에선 성탄절 준비를 약 석 달 (10월~12월)간, 밤마다 모여 연습하고 준비하여 12월 24일부터 12월 25일까지 이틀에 걸쳐 대축제로 지킨다. 진정 12월 25일이란 아무 근거도 없는데 이렇게 대축제로 온 세계교회가 성대히 지키는 것을 하나님과 예수님은 기뻐 받으실까?

성탄 계절만 돌아오면 가슴이 무겁고, 양심도 괴롭고 이대로 그냥 미신 섬기듯 아는 것도 없는 데 아는 체 하며 설교 시간에 찬양 시간에, 기도 시간에 '오늘 오신 예수님'이라고 열심을 다하여 영광돌리는데 전혀 다른 날이라면 진실된 영광이 될까? 이 아리송한 문제를 다니엘 학회에서 밝혀 주시기 바랍니다.

나름대로 생각해본 내용을 말씀드립니다. 예수님 자신이 생일에 대한 일체 언급이 없으셨다. 그래서 그런지 그의 제자들조차 누구하나 예수님 생일상 차려드리려고 알아보는 자도, 물어보는 이조차 없었다. 그래서 신약 성경은 물론 외경, 위경 어느 문서에 힌트조차 없다. (구약의 예수님에 대한 예언은 4천년에 걸쳐 모두 456번이나 나온다. 장소, 이름, 나라, 어머니가 동정녀라는 것 등등, 많은 것이 예언되었으나 생일에 대한 예언만은 없다)

그런데 인간들은 자기 생일 및 식구들 생일을 거창하게 지내기 좋아하는 습성에 따라 예수님 생일을 자기들 마음대로 만들어 놓고, 먹고, 마시고, 춤추고, 노는데 주안점을 두고 (누구를 위해 종을 울리는지?) 온 세상에 큰 소동이 벌어진다. 정작 영광받으실 예수님과는 아무 상관없는 행사가 많다.(캉캉춤, 록, 힙합, 한풀이 농악, 심지어 무당춤까지 등장)

주님은 오신 날보다는 구속을 완성하신 부활하신 날을 다 중히 여기신다. 성탄절의 거창한 행사를 주님이 원하셨다면 어떤 모양이라도 언급이 있으셨을 것이다. 일체 탄생일을 함구하심에는 뜻이 있으시다. 그래서 예수님 자신이 부활에 대해서는 여러 차례 언급이 있으셨지만 출생한 날에 대해서 일체 언급이 없다. 그래서 교회는 1년 52주일을 몽땅 부활주일로 지킨다. 그만큼 주님은 부활에만 관심이 있으시다.

주님이 이 땅에 성육신하심은 분명한 사실이다. 그 날짜에는 큰 의미가 없다. 오신 날, 어느 날이 중요한 것이 아니라 우리가 얼마나 우리 위해 오신 주님을 기쁘게 섬기고 믿고 의지하느냐가 더 중요하니 일년 52주일은 부활주일로 지키듯 1년 365일을 다 예수님의 탄생일로 알고 매일 그 주님 모실 심령의 방을 마련하고 그 매일 그 주님과 함께 믿음으로 사는 것이 주님의 생일을 거룩하게 (성탄절 행사 못지않게 지키는 것) 지켜드리는 것이다. 날마다 성탄일로 지키고 살아야 된다. 눈뜨지미지 새벽기도는 나를 위해 오신 예수님 감사, 내 맘에 우리 가정에, 교회에 찾아오신 예수님 감사, 그 주님 위해 바로 사는 것이 성탄 축하이다.

참고로 주님이 알려주시지 않았거나 흔적조차 없애버리심에는 반드시 뜻이 있다. 그 예로 법궤, 성전, 십계명 두 돌판, 아론의 싹난 지팡이, 이스라엘이 40년간 먹었던 만나와 항아리, 노아 방주, 예수님 무덤, 모세의 지팡이, 예수님 재림의 날, 세상의 심판의 날, 예수님 생일날 등 많이 있다.

우리의 종교 개혁자인 루터와 칼빈은 절기와 축일을 없애기를 원했다. 주일 지키는 것 외에 그 어떤 절기나 축일, 성일, 기념일 지키는 날을 폐지하려는 시도를 하였다. 그래서 성탄절은 성탄절 전 주일을 성탄주일로 성탄에 관해 성경주해적 설교를 강조하였다. 그러나 1574년 도르트 공의회 때 성탄절 전면 폐지 결정을 했다. 성탄주일로 만족해 했다. 개혁주의자들의 의도와 달리 당시 권력자들이 시민들을 위해 축제일로 또 공휴일로 선포하므로 정치적 계산 때문에 폐지결정은 없던 것 같이 되어 버렸다.

오늘날 전세계교회가 성탄절을 거대하게 예수님과 상관없는 축제일로 지키는 것은 교회가 세상 풍조의 파도에 휩쓸려가고 있는 것이지 성경적이거나 예수님이 원해서 하는 것은 절대 아니다.

절기나 기념일을 지키는데 오는 허점

개혁교회의 절기란 항상 예수님의 구속사역을 기념하여 지키는 것이다. 한국 교회는 구속사역과 전연 관계없는 어린이 주일, 어버이 주일, 추수 감사 주일, 송구 영신 예배를 지키는 것은 성경적도 아니고 예수님이나 하나님이 원해서 드리는 것이 아니다. 그 허점은

1) 마치 그 날에만 그런 일이 있는 것처럼 되고 다른 날은 아예 잊어버리게 된다. 고난주간, 고난주일. 예수님은 고난을 고난 주간만 당하였나? 이 땅에 오신 자체부터 고난이다.

2) 비본질적인 것이 더 난무하게 된다. (부활절 : 계란, 성탄절 : 산타, X-mas트리, 선물)이 더 돋보이게 되므로 본 의도에서 벗어나게 되는 것이다.

어떤 유물이나 어떤 문헌에 의해 믿지 말고 오직 Text인 성경 말씀만 보고, 듣고, 읽고, 믿으라는 주님의 대설교인 것이다. 그런 의미에

서 주님의 부활을 기리는 성수 주일 지킴이 주님이 가장 바라시는 것이지 탄생일, 어떤 절기 지킴에는 주님이 그리 기뻐하지 않으시는 것 같다. 그런 의미에서 성탄절 행사를 주님이 기뻐하시는 행사로 축소하거나 개혁해나가야 한다.

2. 동방박사에 대한 난해한 문제들

동방박사에 대해서도 명확하지 않다. 그들이 어느 나라 사람들이며 그들의 신앙, 연령, 날짜 등 너무나 많은 석연치 않은 문제점이 많다. 단순히 동방에서 온 박사라는 말 이외는 거의 알 수 있는 것이 없다. (기록도 마태복음 외에는 없다.) 당시에 박사 제도 자체가 없었고, 단지 점성술사(별자리로 점을 보는 박수)였고, 그 당시 천문학 연구는 기초단계에 불과했다. 그래도 성탄절만 되면 X-mas 심볼 마냥 동방박사가 등장하고 매년 성탄절 설교에도 수없이 등장하고 있다.

1) 동방에서부터 별의 인도를 받고 왔다는데.

구약의 오랜 역사나 신약 시대에도 별의 인도를 받는 역사가 동방박사 이외는 없다. 유독 동방박사들에게만 나타나서 별의 인도로 이스라엘 나라까지, 베들레헴까지 오게 되었는데 "떠돌이별"이 이렇게 사람을 인도했다는 어느 고증이나 과학적 증거가 있는지, 황당한 일로 여기는 사람들에게 설득할 내용은 없는가?

답변: KIST 자연과학교수 김명연 교수의 강연집을 참고하실 것. 컴퓨터의 발달로 2천년전, 후, 중동 상공의 떠돌이별을 찾아낼 수 있다. 지금은 컴퓨터의 발달로 지역별, 연도별로 별의 상황을 자세히 살펴볼 수 있다. 그래서 주님이 오신 때 빛나는 별의 움직이는 현상을 자세히 포착된 화면과 도표를 확인할 수 있다. 궁금하신 분은 창조과학회에 연락하시길 바람.

2) 동방박사의 수는 몇 명이 정답일까?

동방박사의 수에 대해서도 여러 설로 전래되고 있다. 중세시대 화가들이 동방박사들이 예수님께 경배하러 온 성화를 그릴 때, 두 사람으로부터 다섯 사람에 이르기까지 약 네 가지로 그려졌는데 우리는 보통 세 사람으로 알고 있다. 그린 화가에 따라 그 수에 대해 일정하지 않으니 어떻게 정리해야 하는가?

답변: 우리는 성경의 고증이외는 거의 믿을 수 없다. 마태복음만 유일하게 명 수에 대한 힌트가 나온다. 마2:9 "박사들이" 복수를 말씀함은 두 사람 이상이라는 것은 정확하다. 그래서 세 사람부터 추정해볼 수 있으나 몇 명이라고 단정지을 수는 없다. 전해 내려오는 구전으로도 세 사람이라고 함이 가장 개연성이 있어 보인다.

3) 동방박사의 복장은 어떤 모양일까?

동방박사들이 입은 복장도 화가들에 의해 다양한 복장의 형태로 시대 따라, 나라 따라 변한다. 예수님 탄생은 로마시대이니 로마식의 복장이 많이 등장한다. 프리지아 모자와 짧은 망토, 유닉과 꼭 맞는 바지를 입고 등장하나 어쩐지 어색해 보인다. 5세기부터는 동방박사들을 동방의 왕들로 규정하고 (만왕의 왕으로 오신 메시야를 동방의 여러 왕들이 경배하러 왔다는 뜻) 머리에는 왕관을 쓰고 등장시킨다. 그리고 10세기 중세시대에는 동방박사 기록에서 점성술사들이란 말을 아예 배제했던 때도 있다. 우리 성경에도 우리나라 화가인 김기창 화백이 그린 동방박사는 한복과 도포를 걸치고 머리에는 갓을 쓰고 개나리 봇짐을 등에 메고, 신발은 짚신을 신은 모습으로 그려냈다.

답변: 성화를 제일 많이 그린 시대는 로마 중세시대였다. 로마인들 중 화가들이 많기에 자기 나라 옷을 입힌 성화가 많이 있었다. 나라 별로, 시대별로, 성화의 모양 따라 동방박사 복장도 다양하게 변했다. 낙타를 여러 달 타고 오려면 복장이 거추장스러우면 안 되기에 몸에 꼭 맞는 복장이 등장하였다. 그러나 동방에서 온 사람들이니 오늘 날 중동인들이 입은 하얀 옷, 통으로 만든 헐렁한 옷으로 머리에는 수건 모자 포에 검은 테를 눌러 쓴 모습이었을 것이다. 낙타 타기에는 불편해도 그러나 전통의상을 입고 오셨으리라 볼 수 있다.

4) 동방박사들은 점성술사, 술사, 마술사라는데 예수님 경배가 가능한가?

이런 점성술사(발람같은 술사)의 경배를 받는 것이 하나님의 뜻이겠는가? 오히려 메시야를 대망하던 목자들 선지자시므온, 여선지자 안나의 경배를 받는 것이 당연하고 자연스러울 텐데 메시야를 대망하지 않는 동방나라요, 아브라함의 자손(믿음의 자손)도 아닌 자들의 경배를 하나님이 원하셨을까? 의문된다.

답변: 온 우주의 창조자이신 하나님이 그 누군가를 사용 못하시겠는가? 욥을 연단하시려고 사탄을 이용하신 하나님이셨고, 이스라엘 백성을 연단시킨 애굽의 바로 왕, 이스라엘 나라를 멸망시킨 느브갓네살 왕도, 고레스 왕도 내 종이라고 하실 만큼 하나님이 다 사용하셨다. 아무리 사탄, 점성술사, 마술사 심지어 무당까지도 그리고 불택자도, 나귀 입도 열고, 닭도, 사자, 곰도 하나님이 만드셨으니 하나님이 어떤 방향으로 쓰시든지 영광받음이 하나도 어색하지 않으며 하나님은 우리를 위해서라면 온 우주 삼라만상을 다 사용하심이 점성술사로 예수님께 영광돌림이 너무 자연스럽고 은혜스러워서 조금도 의심할 사안은 아니라고 본다.

5) 동방박사가 아기 예수님께 경배했던 시점이 언제일까?

동박박사들의 방문 시기는 석연치 않은 부분이 있다. 우린 예수님 태어나신 성탄절 날에 박사들이 도착한 것으로 알고 있고, 믿어 왔다, 그래서 성탄절만 되면 오늘 찾아오신 동방박사들의 경배에 대한 설교가 단골 손님처럼 거의 빠지지 않는다. 그러나 과연 동방박사들의 방문은 성탄절 날 이루어진 일인가?

답변: 박사들이 경배드린 그날 밤에 (마 2:1-12) 꿈에 천사들의 지시에 의해 헤롯 왕께 가지 않고 다른 길로 동방으로 돌아갔다. 박사들이 떠난 후에 천사가 예수님의 육신의 아버지, 요셉의 꿈에 나타나 어린 아기 예수와 그의 모친을 데리고 애굽으로 피난을 지시하여 즉시

떠나게 되었다(마 2:13-14)

그러나 누가복음에는 예수님이 나신지 8일만에 할례받고 이름도 지으셨다.(눅 2:21) 그리고 정결 예식의 날이 차매 예루살렘 성전에 올라가셨다.(눅 2:22-23) 정결 예식은 남자 33일, 여자는 66일 후 지켜져야 된다. 그러면 33일 될 때까지 예수님과 그 부모님들을 베들레헴과 예루살렘을 오르내리셨다. 이때까지는 동방박사들이 등장하지 않았음이 분명한 사실이다.

에스라 7:9 "첫째 달 초하루에 바벨론에서 길을 떠났고 하나님의 선한 손의 도우심을 입어 다섯째 달 초하루에 예루살렘에 이르니라" 정월 1일에 출발하여 5월 1일에 독착했으니 만 4개월이 걸린 셈이다. 당시 파사 나라의 아닥사스다 왕 시대 장관급인 에스라가 최고급 교통수단으로 급하게 빨리 몰았어도 만 넉달이 걸렸다. 동방박사들도 별이 나타나자마자 즉시 출발했어도 넉달 후에 도착해야 되지만 준비 기간과 여러 나라 거치는 과정, 산적, 도적떼의 방해도 있어 민간인은 아무리 빨라도 5개월 이상은 걸려야 된다.

여기 동방은 파사의 동방, 리디아 지방으로 베들레헴까지는 약 1만 km이상이다.(이란, 이라크, 요르단을 가로질러야 된다) 사람 걸음 거리로는 하루에 백리(40km)이나, 낙타의 걸음 걸이는 약 50km, 매일 걸어도 200일(약 7개월)이 소요된다. 이런 계산으로 볼 때 빨랐어도 5~6개월 후에 도착했을 것이다. 그래서 헤롯 왕은 두 살 이하 어린 영아 살해 명령에도 마 2:16, '헤롯이 박사들에게 자세히 알아본 때를 기준하여' 라고 한 것 보면 박사들이 별을 보고 여러 달 걸려 왔다고 보고했기에 정확치 않으므로 2살 이하로 결정하게 됨으로 많은 영아가 피해 입어 죽게 된 것이다.

결론은 동방박사들이 아무리 빨리왔어도 33일 지난 후였고, 아무리 늦어도 6개월 이전에는 예수님께 와서 경배했을 것이다. 이제부터 성탄절 마다 '오늘 성탄절에 찾아오신 동박박사들의 믿음을 본받는 자' 는 설교는 생략하고, 그냥 '찾아오신 동방박사들의 믿음' 이란 제목이어야 할 것이다.

3. 예수님의 어린 시절에 대한 의문점들.

1) 애굽 피난 생활의 장소와 기간은?

우리가 애굽에 성지순례 차 방문하면 어김없이 예수피난교회를 둘러보는 것이 필수 코스이다. 애굽의 수도 카이로의 옛 구도심권(old Cairo)에 초기 이집트 기독교(콥트)의 중심지역으로 '성,서지우스콥틱교회' 가 나온다. 이곳의 지하 동굴에서 예수님의 세 식구가 한달 동안 머물렀다고 한다. 지하동굴모양은 비스듬하며, 약 7~8m쯤 되어보이고 벽면에는 성화들로 장식되어 있다. 예수님의 애굽생활은 여러 주장이 있다. 3년 6개월에서 약 5년으로 추정하는 주장들이다.

우리는 성경(마 2:22)에 아켈라오 왕이 취임한 때는 헤롯 왕이 죽은 직후 였기에 아켈라오의 역사적 기록은 B.C. 4년에서 A.D.6년까지 10년 재임하여 많은 폭정으로 유대인을 학살한 왕이다(B.C. 책정으로

4년 오류가 발견되었으나 온 세계가 이미 사용된 터라 고치지 못하고 그냥 사용하기로 했으므로 4년의 착오가 생긴 것이다.)

헤롯 왕은 예수님 때문에 베들레헴 지역 두 살 이하 어린 영아 학살 정책을 펴고서 그 해에 죽고, 바로 그의 아들 아켈라오가 왕이 되었는데, 그 때가 B.C. 4년 즉 예수님이 탄생하고 애굽으로 피난간 해였으나 몇 해 동안 애굽에 머물렀는지는 정확한 기록문서가 없다. 그러나 예수의 어린 시절을 기록한 외경 '예수 유년기의 복음'(Gospel of the Infancy)에는 약 3년간 애굽에 머물렀다고 전하고 있다.(카리스주석 1권 257p)

마 2:20 "이스라엘 땅으로 가라 아기의 목숨을 찾던 자들이 죽었느니라" 헤롯 왕이 죽자 마자 즉시가 아니고 예루살렘 조정에 예수님 타도하던 정부 요직자들이 다 제거된 시기에 요셉의 꿈에 나타나신 것이다. 마 2:19이하 "헤롯이 죽은 후" 20절 "아기의 생명을 찾던 자들이" 복수, 정책시행하던 자들까지 포함, 3~5년간 이내로 보아야 할 것이다. 그래서 빠르면 약 3년에서 오래잡아도 5년 이내라고 주장하는 것이 개연성이 있어 보인다.

2) 예수 탄생이 얼마 안되는데 헤롯은 왜 두 살 이하 영아들을 죽이라 했는가?

헤롯 왕은 자기 왕위 도전자 제거에는 인정사정이 없었다. 더구나 이방 박사들이 이 나라 왕이라고 경배하러 왔다는데 온 예루살렘 조정이 큰 소동이 벌어졌을 정도였다(마 2:3) 박사들이 별을 보았다는 말

(몇 개월 전의 말), 여기까지 오는데 걸린 시간(6~7개월), 여러 상황을 종합하건데 혹 한 살 아이만 죽이라 하다간 실수할까 걱정되어 아예 넉넉히 두 살 아래로 확대해서 완전 살해를 계획했다. 더 정확한 것은 기록이 없어 알 수 없으나 추정해 보는데 신빙성은 없다.

4. 기타 여러 가지 아리송한 문제들.

1) 성탄 트리의 유래와 그 중심 뜻.

2) 산타클로스의 등장 유래?

3) 새벽송의 유래?

4) 동방박사의 우물의 사연과 장소?

5) 성경에 나오는 카렌다는 얼마 정도 알아야 하는가?

6) 예수님의 탄생 장소, 동물 축사에서 아이 출산이 가능한 일인가?

7) 예수님 탄생시 강보에 싸여 구유에 뉘었는데 구유는 어느 동물 구유인가?

8) 아기예수는 베들레헴의 동방박사 방문시때 축사에 계셨나 집(방)에 계셨나? (마2:11, "박사들이 집에 들어가")

9) 동방박사 보던 별이 동방과 이스라엘 나라에 한날 동시인가? 동방박사 따라서 따로따로 나타났을까?

10) 예수님은 어머니 뱃속 10달동안에도 다 알고 계셨을까?

"설날 명절에 성도들은 어떻게 지내야 하는지?"

설날은 새해를 맞이하는 가장 큰 민족 명절로 한 해가 시작되는 첫 날이므로 설이라하여 매우 귀하게 여겼다. 이날에는 여러 가지 음식을 장만하여 먼저 조상신에게 차례를 지내고 어른을 찾아가서 세배를 드리고 어른들은 아랫 사람에게 덕담으로 그들을 축복하며 새해를 위해 준비한 음식으로 대접한다. 설날 명절에 지켜오던 풍습이라고 모두가 미풍양속이 아니라 어떤 것은 폐습이요 허례허식이며 미신적인 구습으로 개혁되어야 하고 형식적인 것도 개혁되어야 한다.

개혁대상은

① 제사 제도이다: 조상신을 섬겨야 복을 받는다는 잘못 된 사상이다.

② 조상묘를 잘써야 복을 받는 다는 사상이다: 가산이 잘 되고 못되고 큰 인물이 나고 못나고 하는 것이 조상묘와 관련이 있다고 믿는

사상이다.

③ 민속 놀이도 미신적인 색체가 짙다: 농악을 보면 얼마나 흥겹고 경쾌한가? 그러나 그 농악 자체가 미신적으로 잡귀를 쫓는 방편으로 행하였던 농악이었다.

④ 일상생활속에 있는 미신적 생활: 정월 보름에 복 조리, 집 짓고 사고 팔고 이사가는데 손 없는 날, 결혼식 날 잡는 것, 궁합 보고, 사주팔자 또 입춘대길을 대문밖에 써 붙이는 것, 산길에 돌 쌓아 올리는 것, 우리 생활 속에서 개혁되어야 할 것이 많다.

기독교 문화는 적당히 받아 들여서는 안 되고, 민속적이라고 해도 미신이다 신앙적 저해 요소는 과감히 고쳐 나가야 한다. 천주교는 기독교 보다 100년 전에 들어왔으나 오늘날 기독교의 10분의 1밖에 되지 않는 것은 "상황 윤리" "형편주의"에 끌려 따라 갔기에 성령의 능력이 역사하시지 않았기 때문이다. 그러나 기독교 선교사들은 신앙에 어긋나는 환경과 풍습을 과감하게 도전하여 박해를 받더라도 따르지 않고 나감으로 성령의 도움으로 힘을 얻어 세계적으로 경이로운 발전을 기록하게 된 것이다.

한국 사회를 향한 기독교 선교사들의 개혁 외침

① 술 먹지 말자

② 담배 아편을 끊어라

③ 조상신을 섬기는 것은 우상 숭배니 금하라

④ 축첩은 계명에 어긋나니 금하라

⑤ 자녀 혼사의 날 사주팔자를 보지 말라

⑥ 놀음하지 말라

⑦ 집을 고치거나 이사는 주일날만 피하고 과감하게 개혁해서 단행하라! 이런 개혁외침으로 많은 오해도 받았고 핍박과 박해를 받았으나 오늘날에는 다 이해가 되고 힘이 있어 기독교 문화까지 자연스럽게 발생하게 되었다.

우리 기독교인들은 우리 조상이 물려준 이 강토에 살고 있으면서 영원한 천국을 물려받아 살고 있다. 그러므로 이 민족의 피와 정신을 이 땅위에서 이어받고 살아온 기독교인들로 더불어 살아야 한다. 세상 풍습은 무조건 나쁜 것이니 버려야 한다고 가르쳐서도 안되고 그렇다고 전통과 풍습은 다 받아 들여야 한다고 말해도 안된다. 전통적이라고 해서 모두가 미풍양속이 될 수는 없다.

고쳐서 의로우면 고쳐야 된다. 고치되 그 정신은 성경과 신앙 양심에 따라 고치고 가르쳐야 한다. 전통적인 것이라고 해서 우리 기독교와 아무 관련이 없는 것만은 아니다. 오히려 더 깊은 관련이 있음도 신앙적으로 해결해 나가야 한다.

설날 명절에는 흩어졌던 가족이 모여드는 풍습이 있으니 이 모임을 통하여 진정한 제사가 무엇인가를 알려 하나님께 예배하고 부모님께 감사하는 전도의 기회로 삼아야 한다. 그리고 설날에는 세상에 남아있는 자손들이 하나님의 계명과 믿음의 약속 안에서 진실하게 살 것을 다짐하고 앞서 가신 조상들의 생명을 이어받은 후손들의 삶을 통해 더 풍성하게 이어가겠다는 결단의 날이 됩시다. 설날 일어나자마자 새벽기도회 갔다와서 온 식구들이 일어나 깨끗이 씻고 아침 가정예배를 드리고 식사를 즐겁게 한 다음 어른들게 세배하고 덕담으로 좋은 한 해가 되기를 기원하고 놀이 문화로 윷놀이, 골패, 널뛰기, 성경 동화, 성경 인물전 그 외 다양한 순서를 개발하여 미풍 양속을 개혁해 나가는 성도 가정이 됩시다.

"추석 명절에 성도들의 자세에 대하여"

추석 명절의 유래는 삼국시대의 신라유리왕(신라 제 3대왕) 때부터 내려온 풍습으로 7월 보름부터 8월 보름까지 한 달 동안 길쌈대회, 춤대회(강강수월래)등 대회를 통해 승자와 패자간의 우의를 돈독하게하고 단결을 과시했다.

가윗날을 추석이라고 하는 것은 후대의 일로써 한자사용이 성행하면서 생긴 이름이다. 그래서 이날을 추석, 한가위, 중추절, 가위절, 가윗날, 가외, 가배등 이름도 다양했으며 일년 중 가장 즐거운 명절로 손꼽았다.

그래서 "더도 말고 덜도 말고 그저 일년 삼백 예순 다섯날 마냥 한가위만 같으소서"라는 기도문 같은 노랫말은 추석 명절이 얼마나 큰 명절이고 즐거운 날인지를 잘 말해주고 있다.

추석이 다가오면 들녘에는 오곡백과가 풍요롭게 익어가고 풍성하니 풍년감사제를 달밝은 밤에 하늘신께, 조상신께 드리고 싶은 마음이 서로 발동되어 햇곡식과 햇과일로 감사제를 올리며 조상의 묘를 돌아보는 여유도 생기면서 제사라는 예가 생긴 것이다.

추석 명절의 풍속은 ① 송편 만들어 먹기 ② 신도주와 토란국 먹기 ③ 두레 길쌈대회 ④ 추석 성묘 ⑤ 윷놀이 ⑥ 기타 많은 놀이(민속)문화가 전승되 내려왔다.

이런 추석 명절에 성도의 자세는 대단히 여렵고 지침이 없어 혼란스럽다. 성경엔 "이 세대를 본받지 말라"(롬12:2)말씀하니 세상 풍습을 따를 수 없고, "세상 풍속을 좇고 공중의 권세잡은 자를 따르지 말고"(엡2:2절이하)이 두 곳의 말씀만 본다면 성도가 명절이라고 같이 분위기에 싸이는 것 조차도 은혜가 안된다. 구약시대 애굽에 있던 430년간 애굽의 명절 지키는 내용이 출애굽기나 창세기 끝부분에 전연 없고, 광야 40년 지나면서나 가나안 정복후에 그들의 문화권에서의 그나라 명절에 대한 언급이 전연없고, 대신 도리어 가나안에 들어가거든 이방세상 풍속을 따르지 말라고 하나님은 거듭거듭 부탁하셨다.

그러니 전통풍속과 미풍양속과 명절(설날, 추석, 한식, 기타)에 성도들의 태도는 지금 어쩡쩡할 수밖에 없다. 따르자니 성경을 어긴 것 같고, 무시하자니 현실적으로 소외되게 된다. 그러니 우상숭배 같은 조상신제사는 금해야되고 우상의 제물을 먹는 일과 부모 묘와 부모 사진 앞에 절 할 수 없으며 윷과 화투 기타 많은 민속 놀이문화에서도 난잡하고, 도박목적, 은혜스럽지 못한 방면 일 때는 절대로 그곳에 동석해서도 안 된다.(시1:1-6) "복있는 자는…오만한 자리에 앉지 아니하며"

우리는 기회를 놓치지 말고 흩어진 가족들이 한자리에 모이는 좋은 기회이니 이때를 살려서 전도의 적기로 삼아 물질을 좀 투자하여 선물공세로 마음을 산 뒤에 세계적인 추세와 선진국들이 복 받은 이유와 후진국들이 하나같이 우상섬기고 조상신을 섬기는 나라들임을 알리고 제사지내는 것보다도 좋은 가을과 달밤을 주신 하나님께 감사예배를 드리고 부모와 덕을 입은 자들의 은덕을 감사드리는 성도로써 오직 전도의 기회를 놓치지 말아야 하겠다.

명절을 쉬는 날, 노는 날로만 여겨서 실컷 자고, 먹고, 노는데만 신경써서는 안된다. 아침일찍 가정예배를 하나님께 드리고 부모님 묘성묘도 선산도 관심있게 돌아보며 집안 어른들을 찾아 일일이 인사드리고 형제간 각별한 우애와 봉사와 사랑으로 한지체요, 한 형제로 영혼을 위하는 뜻깊은 명절이 되길 바랍니다.

낮에는 가까운 기도원으로 식구들을 모시고가서 하나님의 세계에 대해 우리 민족과 우리 가정의 소원 기도를 뜨겁게 드리고 기도 및 찬양도 뜨겁게 드리고 신앙세계의 복받는 간증으로 손아래 사람들에게 소망을 주는 명절이 되면 더욱 뜻있는 명절이 될 것이다.

기도원이 없으면 산속 깊은 골짜기 아침에 음식을 많이 먹었으니 한끼라도 금식하면서 참인생의 영원한 소망에 대해 음미할 시간이 됐으면 하고 온 식구를 대동하고 양로원, 고아원, 지체부자유 시설 등을 찾아가서 정성껏 모은 선물과 사가지고 간 음식도 대접하고, 목욕도 시키고, 음식도 먹여주고, 같이 운동, 등산도 하고 놀아주기도 하는 봉사 생활도 큰 보람있는 명절이 되고 식구들이 장래에도 많은 도움의 길이 되리라고 봅니다.

추석 명절하면 많은 인구가 이동해야 합니다. 곧 여행하면서 우리 인생은 모두 나그네요, 우리 영원한 고향을 향해 지금 이동 중에 있고 명절 때면 내 고향을 찾아오듯 우리 영원한 본향인 하늘나라로 찾아가는 그 날이 가장 큰 명절임을 가르쳐 주며, 그 날을 늘 준비할 수 있도록 풍요한 가을을 주신 하나님이 우리 앞날을 풍요롭게 해주실 것과 가을의 맑은 하늘같이 우리 영혼을 맑고 깨끗하게 유지하기 위해 늘 교회생활, 신앙생활이 인생의 최대 목적임을 깨우치는 좋은 추석명절이 되시길 바랍니다.

2016년 9월 15일

"추석 명절을 앞두고서"

4
PART

기타

1. 한국 교회의 개혁 : 루터의 한국교회를 향한 95개조 항의문
2. 독후감 : "미안합니다. 고맙습니다" (김경래 장로 회고록)
3. 토론의 장 : ① 은퇴목사 본교회 출석 (찬반론)
② 사순절 지킴이 옳은 것인가 (찬반론)
4. 성경연구 : 한국 교회를 향한 퀴즈 문제집
5. 성경공식
6. 감탄하며 날아 다니는 정 집사, 잠자리여! 영원하리라
7. 에필로그
8. 그간 출간된 책 소개

루터의 한국교회를 향한 95개조 항의문

一. 한국교회의 암적 요소들(10개조)

1) 한국교회에 전염병처럼 번진 목회자 세습 암병
(한국교회에서 만들어낸 전 세계가 경악하는 가장 고질적 암병)

2) 한국교회 전교회가 시행하는 송구영신예배 암병
(불교, 유교, 한국적 기독교의 합작품이지 성경적 근거가 없다)

3) 일천번제란 암병
(불교, 미신, 기독교의 합작품이지 성경적이지 않다)

4) 감사헌금 일일이 호명하고 축복기도하는 질병
(하나님은 다 아시는데 일일이 호명하지 말고 목적에 따라 기도하지 말아야 한다)

5) 전 한국교회에서 시행되고 있는 사순절 지키는 암병

(천주교 산물이지 성경적 근거가 없고 종교개혁자들이 없앤 것을 부활시켜 놓음)

6) 세족식 행하고서 울면서 은혜받았다는 고질병
(죄를 씻는 의식을 그 누가 행할 수 있나 천주교 산물을 개혁가들이 없앤 것)

7) 장로, 권사, 안수집사 임직식 때 헌금 강요로 큰 짐 지워주는 고질병
(헌금을 강제로 할당하거나 강요하는 것은 성직 매매 암병이다)

8) 전도 목적이다는 열린 예배가 한국교회 예배를 삼킨 암병이다.
(전도를 위해 한번은 필요하나 일반적으로 예배를 드리는 것은 큰 죄다)

9) 죽어도 고칠 수 없는 암병인 추도 예배드리는 일
(추도예배는 비성경적이며 유교 제사를 예배로 대체하는 큰 죄이다)

10) 주여! 주여! 주여! 삼창이 옳은 기도인가?
(하나님께 드리는 기도는 거룩하고 신령해야 되므로 삼창은 기도로 볼 수 없다)

二. 지금 당장 없애야 할 것들(32개조)

11) 안수기도(병자를 위한)
(고치는 주체는 주님이니, 우린 그저 기도만 해야 된다)

12) 방언 기도(공적예배를 방해하는)
(지금은 방언 기도가 필요없는 시대이나 개인적 기도는 가능하다)

13) 금요철야 예배(형식뿐인)

(성경적이지도 않고 한국교회 산물이나 목일일 밤 저녁예배로 함이 성경적이다)

14) 교회 권징이 사라져 버린 점

(권징이 없는 교회는 참된 교회가 아니니다. 권징이 살아야 교회 권위가 산다)

15) 대표기도로 변질된 목회기도

(목회기도는 목사만이 드려야 하고 장로도 드릴 수 없다. 변질된 이유는 인본적이다)

16) 기도하기 전 성경 말씀을 암송하는 행위

(기도는 하나님께 드리는데 누구 들으라고 성경 암송하는가, 사람들으라는 인본적이다)

17) 아직도 한국교회에선 부흥회, 은사집회가 성행한다

(은사집회나 부흥집회는 비성경적이며 사경회를 가져야 한다)

18) 교회강단에 제단 설치하고 성경책 펴 놓고 촛불 켜 놓는 것

(천주교에서 나온 것들을 개혁자들이 없앤 것들이니 부활시키지 말라)

19) 강대상 뒷면 벽에 큰 십자가를 설치할 수 있는가?

(십자가는 교회 심볼이긴 하나 강단 벽면에 설치는 미신적 요소가 되기 쉽다)

20) 주님이나 하나님을 당신이라고 찬송하고 기도하는 것

(주님이나 하나님을 당신이라고 부를 수 없다. 그냥 주님, 하나님

이라고 불러야 한다)

21) 축도가 많이 변질된 점

(축도는 성경에 있는 데로만 "있을찌어다" 해야지 "축원합니다"는 기도이지, 축도는 아니다)

22) 설교와 기도시간에 "아멘"을 열창하는 것

(무조건 "아멘"은 있어서 안 되며 모르고도 열창하면 주문 외우는 것이다)

23) 설교 시간인데도 "주의 이름으로 축원합니다" 하는 것

("주의 이름으로 축원합니다" 는 기도이지 설교가 아닙니다)

24) 교회에서 선교 목적이라며 장사(상행위)하는 것 (예: 떡, 기름, 미역 등)

(교회에서는 어떤 명목으로든 상행위를 해서는 안 된다.)

25) 성례식은 1년에 한,두 번만 시행하는 것

(교회 예전은 말씀과 성례이기에 성례식은 많이 행할수록 좋은 것이다)

26) 어떤 교회에선 "입신"을 다반사로 하고 있다는 점.

(입신은 하나님이 시키실 때에는 가능하나 임의로 하는 것은 무조건 잘못된 것이다)

27) 큰교회에서 지교회라는 곳에서 영상 예배를 드리는 점.

(영상 예배나 화상 예배는 인격체가 아니니 진정한 예배가 아니다)

28) 대다수 한국 교회에서 아직도 헌금대를 사용하고 있다는 점

(헌금함이 가장 성경적이니 지금 당장 시행해야 된다)

29) 대형교회에서 예배사회는 장로가, 설교만 목사가 시행한다는 점
(예배의 모든 순서는 목사가 다 시행해야 참된 예배이다)

30) 예배 시간인데도 복음성가, 현대교회음악(C.C.M)이 시행된 점
(예배 시간엔 불가하고, 예배시간이외는 불러도 무방하다. 예배 찬송은 따로 있다)

31) 현대 크리스챤 록 음악이 교회에서 시행되고 있다.
(록음악은 악마와 사탄의 음악이므로 개혁교회에서는 받아드릴 수 없다)

32) 손뼉치며 찬송가(복음성가)를 기타로 찬양드리고 있는 점.
(예배 시간은 이런 것들이 불가하며 예배시간이외는 가능하다)

33) 춤추며 (워크댄스) 유희, 율동으로 찬양 부르고 있다는 점.
(하나님만 경외하며 경건하게 예배드림에서는 이런 것들은 안 된다)

34) 찬양대의 찬양 시간에 목사가 찬양대와 맞서서 서 있는 것.
(찬양대의 찬양을 받지 말고 엎드려 기도로 설교 준비해야 한다)

35) 찬양대 찬양 후, 특별 찬양 전에 인사하고, 후엔 영광의 박수치고 있다.
(인사는 사람에게 한 것이고 박수 또한 하나님께 한 것이 아니다)

36) 중보기도하자고 강대상에서 강조하고 인도한다.
(중보자는 오직 예수님뿐이니 우리는 도움,도고,협력,기도 라고 해야 된다)

37) 성도가 정월 초하룻날 "해돋이" 정월 보름에 "달맞이"하러 가는 점.

(해돋이 행사한다고 해와 달에 두 손 모아 기도하는 것은 성도가 할 일이 아니다)

38) 주일 오전 예배 이외는 오락성 프로그램으로 편성함이 많다.

(예배는 경건과 신령해야하니 오락성 프로그램이나 간증은 예배가 아니다)

39) 이혼, 낙태, 음주, 흡연자들이 버젓이 제직이 되고 있다.

(이혼, 낙태, 음주, 흡연은 절대 불가하고 더구나 제직은 될 수가 없다)

40) 예배 시작후 설교 시작 전에 서로 인사합시다 "사랑합니다" 하는 점.

(예배가 하나님 위주의 예배가 되어야 하지 사람 위주의 예배가 되어서는 안 된다)

41) 신년초에 신년축복대심방을 시행하고 있는 교회가 있다.

(한 해의 길흉화복에 대한 축복을 바라는 기복신앙과 기복사상으로 흐르기 쉽다)

42) 기도의 서두에 "할렐루야" 구호를 외치고 있다는 점

(할렐루야-하나님을 찬양하라- 하나님께 하나님을 찬양하라고 명령내리고 있는 큰 죄이다)

三. 반드시 개선되어야 할 것들 (36개조)

43) 교회 재산을 목사 개인의 명의로 등기하고 있는 점

(교회명의나 교단재단 명의로 하되 개인명의는 안 된다)

44) 교회당 매매라고 광고란에 등장하고 있다는 점
(할 수만 있으면 피해야 되고 꼭 이전해야 할 때는 개척교회에 그냥 주고 가라)
45) 아직도 개혁교회를 "개신교"라고 말하고 있는 점
(개신교라는 말은 천주교가 만들어 놓은 단어이고 우리는 개혁교회라고 해야 한다)
46) 설교하는 기도를 드리는 교역자들이 많다는 점
(설교하는 기도는 하나님께 설교하는 격이니 이런 기도는 해서는 안 된다)
47) 목사가 예배인도시 까운을 입고하는 목사가 많다.
(예수님이 안 입으셨으니 까운을 입어서는 안 된다. 까운은 천주교 산물이다)
48) 교회 창문에 스테인글라스, 강대상 양 옆에 국기, 교회기를 설치한 점.
(교회는 예수님이외 그 어떤 성물, 성화, 국기, 교회기를 배치해서는 안 된다)
49) 우리 부목사 사모님, 우리 장로님 사모님이라고 부르고 있다.
(부목사님 부인, 장로님 부인이라고 불러야 한다. 목사님 사모님이 아니라 교회 사모님이라고 불러야 한다)
50) 찬송가를 부르는데 앉아서 부르고 있다는 점
(공적 예배시 찬송가는 꼭 일어서서 불러야 되나 예배순서 앞 뒤 부분에선 지금도 시행하고 있다)

51) 송구영신 예배시 제비뽑기로 금년에 주신 말씀이란 성구를 하사받고 있다.

(금년에도 나에게 주신 말씀은 성경 전체이지 한 구절 제비뽑는 것은 바람직하지 않다)

52) 주일 오후 예배시 찬양 예배라고 찬양선교단 주도로 예배를 진행하고 있는 점

(예배는 목사가 드려야 정당한 것이다. 예배는 말씀이 주를 이루어야 한다)

53) 추수감사절은 미국의 국경일인데 한국 교회는 모르고 그대로 지키고 있다는 점

(한국 교회 절기는 아니되 범사에 감사하라는 의미에서 시행하고 있다)

54) 한국 도시 교회에선 맥추 감사절을 아예 지키지 않고 있다는 점

(맥추감사주일은 보리농사 때문이 아니고 첫열매주심이 감사해서 드리는 것이다)

55) 한국의 명절(설날, 추석)에 맞추어 교회가 지키고 있다는 점

(한국 고유 명절은 교회 명절은 아니니 꼭 설날 주일, 추석 주일로 지켜서는 안 된다)

56) 목사 청빙을 위해 선보기 위한 설교를 시켜보는 것을 시행하고 있다.

(한 번 설교로 어찌 알 수 있겠는가 기도로 그간 목회 열매를 보고 청빙하라)

57) 장로, 안수집사 임직식 때 그 부인들까지 서약시키고 있다는 점
(임직자 부인까지 일어서게 하고 서약하는 것은 잘못된 것이다)

58) 공식 예배인데 통성기도라고 온교회가 떠내려가도록 하고 있는 점
(공식 예배시는 삼가되, 새벽 예배나 사경회 집회시에는 가능하다)

59) 한국 교회의 기도시간에 목사님, 장로님이라고 기도드리고 있다는 점
(하나님보다 이세상에서 더 높은 분은 없다. 그러므로 "님"자는 빼야 된다)

60) 주기도문이 폐회순서 전유물로 드려지고 있다는 점
(주님의 기도는 폐회 때보다 처음 예배시작 기도로 사용함이 옳은 것이다)

61) 동성연애자, 성전환수술자를 교회 직분자로 세우고 있다는 점
(이런 자들은 직분자들로는 세울 수는 없다. 평신도로 받고 교육시켜 회개시켜야 한다)

62) 한국 교회에 여자 목사, 여자 장로가 이제 많이 생기고 있다는 점
(성경적으로 불가하오나 선교적 측면, 선교적 차원에서만 가능하다)

63) 잘 믿던 성도가 자살해 죽었을 때 한국 교회는 기준이 없다는 점
(구원의 확신이 있는 자라면 교회가 책임지고 예식을 주관해 주어야 한다)

64) 개혁교회 목사들 중 영대(스톨) 성직자 셔츠를 입고 있다는 점
(천주교에서 나온 산물이니 개혁교회 목사들은 절대 불가한 일

이다)

65) 신앙 간증을 예배나 설교로 간주하고 있다는 점

(신앙 간증은 개인적인 간증일 뿐이니 예배나 설교가 될 수 없는 것이다)

66) 한국 교회가 무교회주의자나 독신주의자들을 교회 직분자로 세운다는 점

(무교회주의나 독신주의는 성경에 위반된 주의이므로 직분자로 세우면 안 된다)

67) 찬양대 지휘자나 반주자에게 교회가 사례금을 지불하고 있다는 점

(사례금을 지불해서는 안 되고 봉사로 해야 하나님께서 신령한 것으로 갚아주신다)

68) 성도가 환경 단체, 인권 단체, 사회 운동한다고 중(스님)들과 같이 한다는 점

(귀신의 영과 같이 일할 수는 없다. 그런 단체에서 빨리 탈퇴해야 한다)

69) 거룩한 주일인데 물건을 사고 음식을 사먹고 하는 것이 있다는 점

(거룩한 주일날은 음식 사먹고, 물건 사고, 팔고, 오락 등 사적인 일이 성경적이 아니다)

70) 교회에서 "축제"(페스티발)라는 말을 사용하고 있다는 점

(이 축제라는 말은 기독교의 단어가 아닌 이교도 단어이니 사용해서는 안 된다)

71) 성례식 (세례식, 성찬예식)을 주일 아닌 평일에 시행한다는 점.

성례식 (세례식, 성찬예식)은 주일날 시행이 가장 적합하다고 본다)

72) 성례식과 임직식에 흰 장갑을 끼고 시행하는 점
(흰장갑을 끼는 것은 기독교 산물이 아닌 이교도-일본신사참배-에서 나온 것이니 시행해서는 안 된다)

73) 세례를 여러 번 받고 있는 것을 (군대에서) 시행한다는 점
(세례는 불세례 받은 자가 딱 한 번 예수님의 이름으로 물세례를 받아야만 된다)

74) 은사를 많이 받은 자가 제일 위대하다고 자랑하고 있다는 점
(아무리 많은 은사를 받았다 해도 성경지식보다 작고 작은 말씀이라도 지키는 자가 더 크다)

75) 아직도 예배시작을 종치는 관행으로 시행한다는 점
(예배시작을 알리는 종치는 행위는 이제 버려야 되고 주님 기도로 찬양으로 시작함이 옳다)

76) 교회에서 교독문 낭독보다는 십계명 낭독이 더 나은데도 시행하지 않는다는 점
(교독문 낭독보다는 십계명 낭독이 더 은혜로운 것이다)

77) 아직도 교회 찬양대를 성가대라고 부르고 있다는 점
(찬양대라고 해야지 성가대라고 하면 안 된다- 불교도 성가라고 한다)

78) 찬송가 토착화라고 찬송을 민요나 멜로디나 리듬가요로 부르고 있다는 점

(외국의 민요와 가요는 성경에서 나왔으나 우리 나라 것은 아니니 사용할 수 없다)

四. 생각해보고 옳지 않음을 알면 서서히 고쳐야 할 것들(17개조)

79) 농악의 한풀이 춤사위를 하나님께 영광돌린다고 시행하는 점
(아무 것이나 하나님께 드리기만 하면 되는가, 이교도(귀신)께 드리는 것은 안 된다)

80) 우리 고유의 창, 여성들의 부채춤, 힙합 형식을 찬양이라고 드린다는 점
(우리 고유 창은 한풀이 등 접신 형식들이니 절대 찬양으로 불가하다)

81) 기도 서두에 "오늘도 살아계신 하나님"이라고 기도하고 있다는 점
(하나님께서 죽으신 적이 없으므로 이런 기도는 온당치 못하니 시행치 말라)

82) 오늘도 설교 말씀에 "도전 받으십시오"하는 것을 시행한다는 점
(예배나 말씀은 도전받기 위함이 아니라 은혜받아 회개하기 위함이다)

83) 어린 아이 이름 지을 때, 성경 인물을 따라 짓고 있다(예-바울 베드로)는 점
(성경 인물로 지으면 장단점이 있으나 이름은 한국식 이름이 가장 좋다)

84) 대형 교회에서 안식년 제도(선교사들 시행)를 시행하고 있다는 점
(한국엔 아직 안식년 제도가 정착되지 못했고 구약시대도 아니니 안 지켜도 무방하다)

85) 대표 기도자가 기도문을 써가지고 와서 읽는 형식의 기도를 드린다는 점
(정성껏 준비차원, 횡설수설의 기도보다 낫다는 긍정적 차원보다 은혜롭지 못하다는 점에서 부정적이다)

86) 은퇴 기념 예배, 박사학위취득 감사예배 회장취임 예배를 드리고 있다는 점
(하나님께 영광보다는 개개인에게 영광돌림이 많으니 안 지켜야 될 행사이다)

87) 예배 시간 도중에 생일 축하 행사가 성대하고 거창하게 영상으로 드려지고 있다는 점
(하나님께 예배 이외의 다른 행사는 삼가는 것이 성경적이고 참된 것이다)

88) 헌금 봉투에 자기 직함 (목사, 사모, 장로, 집사, 권사)을 사용하고 있다는 점
(헌금이란 하나님께 드리는 것이니 하나님 앞에 직함을 사용함은 적절치 않고 이름만 써야 한다)

89) 교회 청년 가운데 심한 염색 머리, 남자가 귀걸이 반지끼고 중성으로 치장하고 있다는 점
(교회 청년은 가장 소박하고 사치나 이상한 모습에서 떠나 오직

예수님만 따르는, 소망이 예수님께만 있는 자의 올바른 차림새여야 한다.)

90) 설교 시간에 "아멘" 유도하고, 성도끼리 만날 때에 "할렐루야"를 외치고 있다는 점

(“아멘”유도나 인사로 “할렐루야” 외침은 그 뜻을 알면 그렇게 할 수 없다는 것이다)

91) 교회안에서도 사형 제도를 찬성하는 교인이 있다는 점

(사형제도는 폐지되어야 한다. 회개시켜 천국보냄이 교회의 사명이다)

92) 불신 집안과의 결혼을 교회가 예배당 안에서 목사가 주례해주고 있다는 점

(불신자의 결혼은 목사가 예배당 이외에서 전도차원에서만 시행될 수 있다)

93) 한국 교회의 강단이 너무 호화 찬란하게 (천주교) 꾸미고 있다는 점

(한국 교회 강단이 오직 말씀(성경책) 이외의 꾸밈은 잘못된 것이다)

94) 교회가 시신 기증, 장기 기증, 안구 기증 등을 시행한다는 점

(육체는 썩을 것인데 사랑으로 서로 나누는 것이 더 성경적이다. 부활시 어떻게 되나? 는 걱정할 필요가 없다)

95) 한국 교회의 최고 큰 명절은 성탄절로 알고 있다는 점

(구속사적 의미에서 볼 때 성탄절보다 부활절이 더 큰 명절임을

알아야 한다)

이런 것 다 안 지켜도 교회가 크게 부흥되고, 성도가 많아 대교회로 성장하지 않는가? 라고 질문이 들어온다. (이단 교회가 망하는 것 보았는가? 오히려 더 크게 부흥하고 있다) 위의 것을 범하고도 부흥 발전하는 것은 하나님의 징계의 시행이라고 본다 . 말씀 어기고도 부흥되고 잘 되는 것은 큰 재앙이요 하나님의 저주인 것이다. 말씀 지키고도 비록 크게 부흥 성장하지 못했어도 하나님의 뜻 안에서 사는 것이 최고의 축복이요 은혜인 것이다.

독후감 ①
김경래 장로 회고록
"미안합니다. 고맙습니다."을 읽고

지도 교수: **이병삼** 목사

"언더우드家 4代를 읽으면 한국 근현대사가 보인다." 라는 책이 있다. 김경래 장로님의 회고록을 읽고 나면 한국의 근현대사는 물론 한국교회사의 근현대사까지 완전히 한눈에 들어온다.

나는 고희 회고록으로 "나의 갈길 다가도록"을 출판하여 큰 자부심을 가졌었다. (아마 문학적으로나 신학적으로나 목회학적으로도 이만한 회고록이 없으리라고 자부하고 살아왔다. 왜냐면 이보다 더 잘 된 회고록을 거의 본 일이 없었기 때문이었다.)

그런데 나는 김경래 장로님의 회고록을 읽고 나서 내가 얼마나 잘못된 착각 속에서 살았는지 어리석은 내가 부끄럼 때문에 자학 속에서 헤맨다. "만 입이 내게 있으면 그 입 다 가지고 내 구주 주신 은총을 늘 찬송하겠네." 이 찬송을 참 좋아한다. 김경래 장로님의 회고록을 몇 번 읽고 나서는 "입이 백 개가 내게 있다면" 그 입 다 가지고 김 장로님의 생활 선교와 한국 교회 사랑을 다 말해도 부족하리라 봅니다.

1부 19문단, 2부 20문단, 3부 16문단 총 55문단 하나하나는 살아있는 역사 교과서요, 설교시간 예화로도, 신앙 간증 사례문으로도 은혜로운 설교로도 손색이 없고 책망과 교훈과 의로 교육받을 산 교과서라고 해도 괜찮다.

정치적으로도 이승만 대통령을 제외한 모든 대통령을 직간접으로 섬긴 실례와 한국 교계의 거성인 한경직 목사, 강원용 목사, 정진경 목사를 직접 모시고 받드신 일들, 기독실업인들의 거목들을 일일이 열거할 수 없을 정도로 많은 분들과 교분 나눈 일들.

한국 기독교 총본산인 한기총과 한국기독교 백주년기념사업회에서 벌여온 한국기독교순교자 기념관, 양화진외국인선교사묘원, 백주년선교 기념대회(연인원 사백만명), 백주년선교기념관, 백주년선교기념탑(인천) 건립, 백주년기념교회 개척에 이르기까지 거의 모두가 김경래 장로님의 머리에서 계획되었고, 몸으로 직접 이루어냈고, 손발로 마무리까지 너무 완벽하게 완성하신 모습을 보고 김경래 장로는 하나님이 한국교회에 내리신 보배 중의 보배라고 봅니다.

이런 좋은 회고록을 남기신 김경래 장로님께 감사 드리며 앞으로 남은 생애도 더 빛나리라고 믿으며 천국에 가셔서는 하나님의 많은 사랑과 칭찬과 존귀를 받을 김경래 장로님! 존경합니다! 사랑합니다.

독후감 ②

미안합니다 고맙습니다.

지도 교수: **김현우** 목사

1. 제목 : • 언론인으로서의 삶.

• 행동하는 신앙인.

• 양화진에서의 삶.

2. 동기 : 이병삼 목사님께서 책을 주심.

3. 줄거리와 느낌

30년간 언론계 생활에서 돋보이는 기자정신.

어려웠던 시절 사회 운동가로서 교회와 사회에 영향력있는 여러 단체들을 조직하고 역사에 남을 역동적인 역할을 통해 나라발전에 크게 기여한 모습.

슬하에 8남매를 하나같이 훌륭하게 키워낸 가장으로서의 역할.

그리고 신앙인으로서 우리나라 개신교 100주년 기념사업을 기획, 추진, 마무리짓고, 지금은 기독교 100주년 기념교회를 설립 그곳 양화진 언덕에서 노후를 보내고 있는 저자의 알찬 삶의 기록이었음.

전체적인 느낌

한 사람의 짧은 생애에 이렇게 다양하게 많은 일을 할 수 있을까?
가질 수 있는 권력의 유혹도 마다하고 언론인으로서의 외길을 걸은 것.
저자의 삶은 오로지 하나님의 영광을 위한 이타주의의 삶이었다는 것.
글 전체에 흐르고 있는 저자의 올곧은 신앙인의 자세.
주어진 인생을 최대한 활용한 삶이었다.

감상과 적용

참으로 훌륭하신 분. 이런 분이 오늘 우리 사회에 많이 있었으면..
외유내강의 열정이 돋보였다. (넘치는 에너지)
책의 제목대로 겸손함.
양화진 언덕에서 아름다운 황혼을 보내는 그의 삶이 부러움.
남은 날 만이라도 최선을 다하기로 다짐.

독후감 ③

기자 30년, 장로 30년

미안합니다, 고맙습니다.

저자 김경래 지음

회원: **유동완** 목사

생업에 몰두하던 많은 사람들이 나의 "가시오 오시오" 하는 소리에 걸음을 멈춰 시간을 내주고 지갑을 열었다. 동참해준 많은 분들께 폐를 끼치고 신세를 져, 미안하고 고맙기 그지없다. — 저자의 글

이기주의에 상업적인 시대, 철저하게 계산을 통한 득실을 따지는 때에, 이런 시대에 가시오라고 한다고 가고, 오시오 라고 해서 오는 사람이 흔하지 않은 때에, 야긴과 보아스를 만나게 된 것은 미안하고 고맙기 그지없는 일임에 분명하다. '한 사람이 순종하심으로 많은 사람이 의인이 되리라' (롬5:19)는 말씀처럼 85년의 삶을 한 권의 책을 통해 다 실을 수는 없으셨겠지만 3부로 이루어진 일생의 빙산의 일각을 통해서도 교훈과 감동을 받게 된다.

1부 언론인의 길을 걸으며 에서는 사건 하나하나의 정확성 (시간, 장소, 사람, 사건)을 놓치지 않으려고 하는 모습 속에서 목사가 지녀야 할 자질이라고 생각한다. 입은 비뚤어져도 말은 바르게 해야 한다고 하였다. 증인이 증거를 하려면 바르게 보아야 하고, 바르게 들어야 하는 것이다. 정확한 증거가 될 때 인정이 되고 증거 자료로 채택이 되는 것이다. 또한 기자로서의 윤리와 정직성(거짓말을 할 수 없는)을 들을 수 있다. 잠언서에 죽기 전에 기도 응답을 기다리는 것이 있다. '거짓말을 내게서 멀리 하옵시며' (잠30:8)였다. 하나님도 절대 기뻐하지 않으시는 것이다. 다만 거짓의 아비 마귀만이 좋아하는 것이다.

2부 행동하는 믿음으로 에서는 언론인 생활을 거쳐 양화진 사역을 감당하기까지를 담고 있다.

저자가 '섬기는 삶' 을 살 수 있었던 데는 무엇보다 믿음의 동반자요 조언자였던 아내의 기도와 헌신이 큰 역할을 했다. 또한 2남 6녀를 소개하면서 각각의 삶을 통해 하나님께 영광을 돌리고 있는 자녀들을 생각하며 그 이유가 ① 매일 가정 예배를 드리고 ② 주일이면 한 사람도 빠짐없이 예배에 참석해야 했던 환경이 오늘 자녀들을 그렇게 만들었다고 자랑스럽게 여겼다. 역시 자녀를 키우고 있는 부모된 저희에게 귀감이 되었다. 한국 교회사의 증인이 되어 오늘에 증언하실 때 고신 목사된 것과 그 뿌리를 바탕으로 대한 예수교 장로회 고신교회를 세워 성도들에게 신앙의 정통과 생활의 순결을 전할 수 있게 된 것이 감격스럽다. 청년기에 믿음의 기초를 만들어 준 분이 한상동 목사, 한경직 목사는 장년기에 믿음의 폭과 깊이를 더하도록 이끌어 준 분이라고 할 때 역시나 책을 통하여 많은 것을 깨닫게 되며, 가정과 교회 그리고 이웃에게 나의 삶을 어떻게 살아야 할 것을 생각나게 하고 기록하여 따르도록 한다. 그것이 변화된 나의 삶이 도리 것이며 영향력을 미치는 삶이 되리라고 확신한다.

3부 양화진 언덕에 서서 에서는 선교사(순교자)들의 희생이 아버지와 아들, 손자로 이어지는 언덕을 본다. 앞서가신 선교사들이 이 땅에 쏟고 흘린 피와 땀과 눈물을 잊지 말자고, 잊어서는 안 된다고, 기억하자고 세운 양화진 순교자 기념관도 언덕이었던 시절. 올라가야하는 시렴의 시간들을 양화진 순교자 기념관에 묻힌 선교사들의 이익과 안위를 버린 희생을 생각하며 30년을 지켜왔다.

"피흘림이 없은즉 사함이 없느니라"(히9:22). 누군가 죽어야 누군가 산다는 말일 있듯이 김경래 장로를 부르신 하나님은 절대로 실수하지 않으셔서 오늘날도 그 언덕을 어린아이들이 오르며 하나님의 사랑을 읽고, 보고, 느끼며, 배워 이어가고 있다. 부슬부슬 비가 내리는 그 어느 날에도 우산을 받쳐 든 여자 청년의 진지한 모습을 볼 수 있었다. 김경래 장로가 올랐던 그 언덕을 고난의 연속이었지만 결코 그것이 끝이 아닌 기쁨의 언덕(joy hill)인 것이었다.

2013년 9월 24일

평강교회 유동완 목사

독후감 ④

김경래 장로님의 "미안합니다 고맙습니다" 를 읽고

회원: **박 흥 목사**

앙드레 말라는 "21세기는 영적인 세기가 되든지, 그렇지 않으면 존재하지 않게 될 것이다"고 했다. 저는 이 책을 읽으면서 이 말으르 이렇게 바꾸어 생각해 보았다. "21세기는 영적인 거인이 되든지, 그렇지 않으면 존재하지 않게 될 것이다." 그렇다. 지금은 영적시대이다. 영적인 사람이 필요로 하는 때이다. 김경래 장로님의 삶이 이 시대를 살아가는 우리 믿는 모든 사람들에게 참으로 귀감되는 삶을 살았구나! 세속화되고 변질되어져 가는 신앙속에서 큰 울림이 됨을 감사한다.

김경래 장로님은 6·25사변 당시 훈련 도중 급성맹장염에 걸려 수술을 받고 그 후유증으로 의병제대를 하면서 미래를 향한 새로운 희망을 찾았다. 그것은 그의 인생에 혼이자 평생의 업이 된 기자생활이다. 이는 자신을 위한 희망의 총을 쏜 것이 아니라 이 나라와 이 민족을 위한 희망의 총성이요 깃발이었다.

경향신문 기자로 새로운 출발과 최고회의 출입기자, 박정희 최고의장과의 첫 만남을 시작으로 그의 기자는 가난하고 불합리한 시대의 아픔을 기사를 통해 정직하게 날카롭게 거침없이 토해냈다. 참으로 신선한 시대의 절필이 아닐 수 없다. 뿐만 아니라 그의 열정이 거기에 멈추지 않고 기자로서의 지식과 식견을 넓히고자 바쁜 삶속에서도 연세대 경영대학원에서 학업을 병행하고 해외특파원으로 세계를 누비고 다닌다.

후에 1972년 경향신문 31대 편집국장으로 승진하여 국내외적인 시대적인 큰 변화와 국가적인 위기에 직면한다. 언론인으로 양심과 사회적 요구를 수용하는데 있어서 큰 어려움이 있었음에도 불구하고 수많은 권력의 압제와 유구에 굴복하지 않았고 기자로서의 정신과 역할에 최선을 다한 열정에 찬사를 보내지 않을 수가 없다.

특히 1971년 11월 편집국장으로 취임한 지 두 달이 지난 어느 날 청와대에서 "나와 일할 생각이 없소"라는 박정희 대통령의 제안을 거절하고 수많은 마음속의 갈등과 계산을 뒤로 하고, "아무리 가자 생활이 힘들어도 209년을 지켜온 정도를 가야지"하는 결단과 신조가 오늘의 김경래 장로님의 신앙생활에도 그대로 투영되었음을 인정하고 싶다.

더욱이 감동적인 것은 1979년 10월 박정희 대통령이 시해될 때까지 그와 주고 받은 편지 40여통에서 언론인이기에 앞서 자신이 그리스도인으로 사회의 중견지도자로서 나름대로 자신의 견해를 피력하고 충언을 했을 때이다. 무소불위의 독재 권력 앞에서 누구 하나 소신있게 국정에 대해서 자유와 인권에 대해서 소신을 피력하고 도 10월 유신에 대한 진정한 직언은 김경래 장로님의 성품을 그대로 나타내주는 모습이 아닌가 생각되어진다.

그리고 1980년 7월 15일. 30년 동안 걸어온 언론의 길을 마감한다. 본의 아니게 권력에 의해 강제로 내쫓긴 것이다. 1957년 7월 해직 언론인이 되고 두 번째 겪는 시련이었다. 이 과정에서 언론인으로서 군부에 의한 고문과 각종 고초를 겪는다. 이것은 곧 김경래 장로 개인의 아픔이기도 했지만 시대의 아픔과 비애이기도 하다.

가정적으로는 나이 서른 살에 유치원 교사이자 기독교인인 차은희 권사와 결혼하고 신앙적인 가정을 시작한다. 평소 말씀과 예배를 통해 자녀들을 잘 양육하여 가장으로서도 그는 많은 사람들의 귀감이 되기도 한다. 특히 자녀들 가운데 한국을 대표하는 세계적인 화가와 음악가가 여러 명이 되고 아들은 목회자가 되어 선교사역을 하고 있으니 참으로 주님이 보시기에도 아름다운 영혼이자 거룩한 백성이다.

또한 그는 한영교회에서 5년동안 장로로 시무한 후에 1999년 은퇴를 하고 원로 장로로 추대되면서 영원한 장로의 길을 새롭게 시작한다. 그는 평생동안 네 곳의 교회설립에 관여했고, 평소 큰 교회보다는 작지만 아름다운 교회, 정도를 걷는 교회가 성경적인 교회라 믿고 그러한 교회를 설립하는데 헌신과 충성을 아끼지 않는다. 특히 1961년 홍천교회가 새 예배당 건축으로 인해 적잖게 생긴 사채로 인해 교회가 어려움을 당하자 살고 있는 자신의 집을 팔아 교회빚을 갚은 일은 읽는 이로 하여금 감동과 눈물을 자아낸다. 그만큼 주님과 그의 몸된 교회를 사랑하는 믿음 때문이다.

그러한 숭고한 믿음은 그의 인생 말년에 많은 돈을 벌 수 있는 기회를 버리고 온전한 믿음의 정도를 가며 또 한국교회와 함께 "유산을 남기지 않는 운동"과 "한기총과 사랑의 쌀 나누기 운동" 그리고 "나라와 대통령을 위한 25기도모임" 등을 통하여 요셉의 나무가 담장을 넘어 감과 같이 이웃과 사회를 위한 기독교 정신이 사회실천운동으로 승화되어 뜨겁게 확산되기도 한다.

그리고 1984년에 한국교회사에 큰 획을 그을 수 있는 사건을 맞이하게 된다. 100주년 선교대회에 중요한 준비위원으로 봉사하게 되고 그간의 경험과 신앙이 이 대회를 성공적으로 치르게 되는 데 큰 역할을 하게 된다. 하나님의 은혜이자 역사이다. 선교대회를 통해서 한국교회는 폭발적인 성장의 길을 걷게 된다. 한경직 목사님의 정신과 그분의 기도를 통해 100주년 순교자 기념관(용인과 양화진)을 건립하는 데 주도적인 역할을 하는 그는 이제 남은 다가올 200주년 교회기념사업을 위해 이곳이 거룩한 성지가 되길 기도하고 있다.

사도바울은 빌립보서 4장 16절에서 '내게 능력주시는 자 안에서 내가 모든 것을 할 수 있느니라' 고 했다. 김경래 장로님의 살아온 삶과 신앙의 발자취를 보면 분명히 성령님이 함께 하셨고 성령님이 역사하신 일이라고 믿어 의심치 않는다. 그런데 중요한 것은 그가 그렇게 하나님의 도구로 쓰임받기 위해 얼마다 기도를 했으며, 얼마나 자신을 부인하며 자기를 죽이는 인고의 세월을 보냈을까 하는 점이다.

결론적으로 우리 주님이 우리를 사랑하시기에 우리 민족과 나라를 사랑하시기 때문에 장로님과 같은 사람을 들어 쓰셨다는 확신과 감사가 개감 내 입술에서 기도로 승화됨을 본다.

독후감 ⑤

김경래 장로님의 회고록 『미안합니다 고맙습니다』를 읽고

회원: **박성곤** 목사

이 책을 받아 쥐었을 때 나는 겁이 났다. "이 책을 언제 다 읽지?"라는 생각 때문이었다. 그런 이유도 있겠지만 이 책을 손에 들었다가 놓았다가를 몇 번이고 반복했다. 그러는 가운데 제출시간은 훨씬 넘었고 이러다가는 다니엘 학회에서 제명되겠구나 하는 생각이 들면서 이 책을 읽기 시작했다. 하지만 생각했던 것보다 이 책의 내용은 간단하고 명료하게 정리가 잘 되어 있었다. 그래서 단숨에 끝까지 다 읽어버렸다.

아슬아슬한 외줄타기 기자인생 30년

공과 사를 구분하여 사적인 감정에 따라 비판하지 않고 사실을 그대로 보도하는 기자인 것 같다. 마치 중심을 잘 잡고 아슬아슬하게 외줄 타는 사람처럼 보인다. 권력의 비리를 사실대로 폭로할 줄 알면서 인간에 대한 진정성을 읽을 줄 아는 안목이 탁월했던 것 같다. 사실대로 기사를 쓰고 판단은 독자 몫으로 돌리는 기자 정신이랄까?

박정희 대통령의 독재에 대한 기사를 쓰면서 개인 박정희를 비판하지 않고 개인적인 편지를 통하여 고뇌를 전달하면서 박대통령의 마음을 잡을 수 있는 진정성이 보이기도 한다. 삼분폭리와 사카린 밀수라는 거대 대벌의 부정과 비리를 폭로하면서 사회구조를 비판하지 않았다. 사회구조적인 문제를 비판하기 보다는 김용기 장로같은 분을 대통령에게 소개시켜 주어서 사회를 개조시켜 나가도록 도와주는 역할을 하면서 대안을 제시할 줄 아는 기사를 썼던 것 같다.

그럼에도 불구하고 언론인이라는 험난한 운명은 피할 수 없었던 것 같다. 신군부의 등장과 함께 문화방송 · 경향신문사에 새로운 경영진의 선임으로 1980년 7월 15일자로 30년의 언론인의길을 강제로 마감하게 되었다.

2002년 1월 11일 민주화운동 관련자 명예회복을 받기까지 강제해직된 이유를 이어지는 2부, 3부에서 하나님의 섭리를 찾아볼 수 있겠다.

땅 끝에서 30년

2부 행동하는 믿음으로

태어나서 언론인이 되어 강제 해직되기까지 하나님은 김경래 장로를 믿음으로 더 큰 일을 하도록 미리 예비하신 것으로 보인다. 믿음의 가정에서 태어나서 믿음의 동반자 차은희 권사를 만나게 하셨다. 한

상동 목사, 한경직 목사와 같은 믿음의 스승들을 주셨고 곽선희 목사, 옥한흠 목사, 김장환 목사, 박준서 목사, 김진홍 목사, 하용조 목사, 이동원 목사, 손봉호 장로, 이어령 박사, 정광택 장로, 이희연 사무장과 같은 믿음의 동지들을 만나게 해 주셨다.

세상은 변해도 교회는 변하지 않는 진리를 믿으며 집을 팔아서 교회에 헌금하니 4년 뒤에 헌금한 돈보다 더 큰 돈을 주시는 하나님을 만나게 되었다.

3부 양화진 언덕에 서서

1981년 1월 22일 100주년협의회 창립총회 한경직 총재의 "그만하면 세상일을 놓을 때가 된 것 아닙니까? 지금 우리가 해야 할 일이 많습니다. 나를 도와주시는 뜻에서 함께 일합시다."라는 뜻밖의 초대로 장래성이 잇는 사업을 포기하고 100주년 기념협회에 일을 하기 시작했다.

순교자 기념관은 한경직 목사의 양화진 묘지 방문에서 시작되었다고 한다. 경성구미인묘지회가 1985년 2월 양화진 묘지를 100주년 협의회에 증여하고 공사를 시작하여 1986년 10월 10일 완공되었다. 공사비는 기업인들의 협찬과 성도들의 참여로 이루어졌다.

유니온 교회, 한경직 목사의 소천, 도시정비, 국가 사적지로 지정 등의 우여곡절 끝에 2005년 5월에 양화진성지공원이 준공되었다.

2007년 8월에 유니온 교회와 경성구미인묘지회가 100주년 기념협회를 상대로 소송제기와 개신교단의 개입으로 복잡한 문제가 생겼다.

2013년 2월 23일 대법원 판결이 나기까지 아픔과 상처를 남겼다.

한국 교회가 하나가 되고 하나님을 위해 헌신하고 목숨을 버린 이들이 묻힌 양화진이 아름답게 보전되기를 바랄 뿐이다.

양화진 순교자 기념관이 있기까지 보이지 않는 곳에서 바쁘게 , 때로는 눈물과 아픔으로 지켜낸 김경래 장로님의 수고에 큰 박수를 보낸다.

독후감 ⑥

김경래 구술, 백시열이 정리한 『미안합니다 고맙습니다』를 읽고서

회원: **이동암** 목사

기자 생활 30년, 장로 생활 30년은 구약과 신약이라는 엉뚱한 생각을 불러 넣는다. 김경래 장로가 사회와 교회에 지대한 영향을 주면서 활동을 한 배경에는 두 여인이 었었던 것을 보게 된다. 두 여인은 김경래 장로의 어머니와 아내이다. 기도의 어머니와 아내가 김경래 장로를 있게 한 것이다. 건강한 모습은 눈에 보이나 건강하게 하는 맑은 공기는 눈에 잘 보이지 않듯이 영혼을 잘 되게 하고 고난속에서 지켜주신 하나님은 잘 보이지 않는다. 김경래 장로가 지낸 세월은 기도로 인한 하나님의 도우심과 인도하심이 있었던 것이다.

기자생활 중에도 역사의 대를 이어가는 박정희 대통령, 전두환 대통령, 노태우 대통령, 김영삼 대통령, 김대중 대통령, 이명박 대통령을 만나면서 믿음으로 이들을 잘 도우곤 했다. 정치계를 넘나들며 자신의 욕심을 추구하지 않을까 하는 우려가 생길 것 같기도 했지만 겸손한 그리스도의 마음으로 섬기며 화합케하여 평화의 길을 걷는 김경래 장로의 모습은 "화평케 하는 자는 복이 있나니"라는 말씀을 충분하게 기억나게 하고도 남는다.

백담사를 다녀와서도 노년에 벌금을 내지 않는다는 이유로 고초를 당하고 있는 전두환 전대통령을 측은하게 여기는 글도 보인다. 모두가 한 때는 김경래 장로의 동지이었던 것 같다. 김경래 장로는 평화가 가득한 예수 그리스도의 마음으로 각인된 것 같다. 가정을 즐겁게 하며 유머를 잃지 않는 생활 태도는 한과 복수로 점철된 민족성을 끊는 좋은 본보기가 된다.

박정희 대통령이 서거한 후로 기자로서의 30년 생활을 떠나는 것은 큰 아픔이 되기도 했으나 하나님께서 준비하신 김경래 장로의 인생후반전은 시작되고 있었던 것이다. 한국 교회를 화합하는 장로 30년의 장이 펼쳐진 것이다. 어쩌면 기자생활 30년도 장로 생활 30년을 준비하는 시간이었던 것 같다. 광야생활은 축복의 땅인 가나안에 들어가는 과정이었듯이 천국에 들어가기 위해서 이 세상에서 육신의 비닐을 벗고 벗다가 급기야 온전히 육은 죽어 영으로 살게 된다.

김경래 장로의 후반전인 장로 30년 생활의 장이 펼쳐질 때에 두꺼운 책을 박목사로부터 받아들면서 이것 언제 다 읽을까 9월달 모임 때까지 한 달이라는 시간이 남았으니 그때까지는 다 읽겠지 했으나 두꺼운 책을 몸과 손으로 더욱 세차게 내 심장 가까이 당기면서 책이 무겁다는 것을 어느새 잊어버린 것은 무엇 때문이었을까?

선교사의 피흘림과 희생이 없었다면 영생의 복음은 들을 수도 없었고 구원도 없이 저주와 한을 갖고 살아가는 참으로 불쌍한 민족이 되고 말았을 것이다. 참 선교사의 피흘림과 눈물은 골고다 언덕위에 못박혀서 온 인류를 위해 부끄러움과 고통을 당하시고 모든 피와 물을 쏟으시고 죽어주신 예수 그리스도의 유전인자가 있었기 때문이다. 아들은 아버지를 닮듯이 예수의 영이 있는 자들의 삶도 닮기 마련이다. 자기 아버지와 어디에도 닮지 않았다면 아들이 아니고 사생자가 아니겠는가? 참그리스도인은 희생의 삶을 살게 된다.

100주년 기념교회오 유니온 교회를 보면서 안타깝기도 하나 하나님의 섭리가 엿보이는 듯 하다. 어쩌면 표면적 유대인과 이면적 유대인을 보는 것 같다 선교사 가문은 빛나지만 삶이 따라주지 않을 때는 화중지병에 불과하다. 100주년 기념교회는 한국교회의 연합과 화합을 위해서 세워진 하나님의 교회이다. 법적인 소송을 제기하면서 자신들이 묻힐 묘지를 찾으려는 것은 믿음의 조상들이 해 놓은 거룩한 업적을 훼손하고 있다는 것을 잊어서는 안될 것이다. 하라리 100주년 기념교회 이면에서 눈물로 기도하며 아직도 복음을 받아들이지 않고 있는 한국인들의 영혼구원과 한국 교회의 연합과 화합이라는 막중한 과제를 위해서 협력해줄 때에 피와 눈물로 복음의 씨앗을 한국땅에 뿌린 선교사들을 빛나게 하고 자신들의 신앙이 더욱 빛나게 될 것이다.

신앙은 나를 지키는 것이 아니라 성령의 인도를 따라 사는 것이다. 유니온 교회는 자신들을 지키려는 것일뿐 성령의 인도를 거부하고 있는 것이다. 참된 교회는 핍박을 통하여 무너지지 않고 핍박속에서 빛나는 믿음을 보여주게 된다. 어둠이 더욱 짙게 드리워질수록 아침은 더욱 빛나게 된다.

자신의 교단만을 위해서 일해야 한다는 고집을 갖거나 자기 교회만을 위해서 일해야 한다는 생각을 갖는 이가 많은 시대에 교회의 벽을 뛰어 넘고 자기 교단과 교회가 우선이 아닌 하나님의 뜻을 위하여 모든 벽을 넘어선 김경래 장로의 삶은 한국교회의 귀감이 된다.

김경래 장로의 기자 30년과 장로 30년을 보면서 초지일관 선교사의 삶을 산 것을 보게 된다. 배후에는 하나님의 인도하심이 언제나 있었다고 보며 소리없이 뜨거운 심장으로 하는 기도는 결코 헛되지 않았다는 것을 확인한 셈이다.

지금 나는 있게 한 이도 천국입성하기 얼마 전까지만 해도 추운 겨울에 두터운 외투를 입으시고 철야기도를 하면서 눈물로 두 아들을 위하여 기도해 주신 기도의 어머니가 있었기 때문이다. 지금도 허리가 휘도록 고생하며 묵묵히 참아주며 기도해주는 아내가 있는 것도 감사하며 감격할 뿐이다.

모세를 통하여 이스라엘 백성을 애굽의 고통에서 벗어나게 했듯이 한 사람 김경래 장로를 통하여 하나님은 시대를 이어가면서 일하시고 계시는 것을 볼 수가 있다. 이 시간 나를 부르시고 나를 통하여 무엇인가 하실 하나님께 집중해 보고자 한다. 자아가 너무 강해서 나를 이끄시지 못하는 하나님 앞에 통회자복하며 앞으로의 모든 시간을 하나님께 의탁하며 인도하심을 바라본다.

사도행전 29장을 쓰게 되길 소망한다. 복음은 나라와 민족을 살리는 힘과 같다. 외세와 동족간의 싸움으로 도저히 일어설 수 없는 이 땅을 치유하고 일으켜주시는 하나님께 감사드린다. 복음으로 거듭난 그리스도인중에 제 2의 김경래 장로가 일어날 때에 비틀거리는 세상은 바르게 걷게 될 것이다.

토론의장 1

은퇴 후 은퇴 목사의 출석 교회는?

2017.2.28. 다니엘 학회 토론회
사 회 : 임종수
찬성론 : 최병학 김현우
반대론 : 이병삼 엄칠문

I. 은퇴 목사는 은퇴 후 본 교회를 떠나야 한다 – 이병삼 목사

1. 신학대학원 다닐 때 목회학 시간과 실천 신학 시간에 철저하게 배웠으니 나는 그대로 실천한 것뿐이다.

2. 예수님의 정신에서 배워야 합니다.

마 20:28 "인자가 온 것은 섬김을 받으려 함이 아니라 도리어 섬기려 하고" 여기에서 예수님은 섬긴 것으로 만족하시고 섬김이나 대접, 칭찬, 존경받으려 하시지 않았습니다. 원로목사는 본 교회에 나가 앞

자리에 앉아 있으면 섬기지 않을 수 없으며 대접 안 할 수 없으며 많은 칭찬과 존경의 찬사를 드리게 될 때 누구든 당연한 것 같이 여기나 이것이 과연 예수님 정신인가?

요 12:24 "한 알의 밀이 …… 죽으면 많은 열매를 맺느니라" 여기서도 주님은 한 알의 밀이 되어 죽으러 오신 것입니다. 과연 은퇴 목사나 원로 목사는 한 알의 밀이 되어 살려고 왔는지, 이 교회를 위해 죽으려 왔는지 본인 양심 심판으로 판정해 주시기를 바랍니다.

3. 사도 바울의 생애에서 배워야 합니다.

바울은 많은 교회를 개척하셨습니다. 그도 인간이기에 은퇴이후 노후 걱정이 없을 리 없건만 개척한 교회로부터 연금이라 은퇴금 그리고 은퇴 이후를 부탁하고픈 마음이 전연 없음을 그의 서신 13권을 통해 잘 알 수 있습니다. 개척교회해서 그 교회가 어느 정도 자라면 마땅한 일꾼에게 맡기고 미련없이 떠나셨습니다. 바울의 중심은 오직 하나님 중심이었습니다. 원로 목사 중심은 어떤가. 거의 자기중심적이 농후합니다. 그러니 사랑 다 받고, 대접 다 받고, 존경 칭찬 다 받고 나면, 하늘나라에 가서 상급이 없다는 것이 성경의 원리입니다. 그리고 인간은 누구나 전적으로 타락한 존재라 사랑, 대접, 존경, 칭찬 다 받고 나면 자연 교만해지는 것이 거의 보편적입니다.

4. 이용규 평신도 선교사에게서 배웁시다.

그의 저서 ①"내려놓음" ②"더 내려놓음" ③"같이 가심"에서는 세계

최고 대학인 미국 하버드 대학을 두 부부가 나와 그 좋은 많은 자리 박차고, 오직 하나님만 위해서 다 내려놓고 몽고에 가서 기독교 대학을 세워 헌신 충성하였습니다. 국립대학보다 더 크고 더 발전하여 학생 만 명이 가까웠을 때, 이 부부는 오직 주님만 같이 가겠다는 정신으로 아무 조건없이 더 내려놓고 이제 인도네시아 선교 즉 모슬렘 선교하겠다는 일념으로 몽고에서 멀리 떠나 하와이로 갔다는 것 까지만 알고 있습니다.

5. 바울이나 이용규 선교사는 개척 후 사유화하거나 대기업같이 발전시켜 명예나 기득권 행사하겠다는 모습을 전연 볼 수 없으니 우리 생각과는 전혀 다르지 않습니까?

6. 충현교회 고 김창인 원로 목사는 그가 은퇴 후, 이종윤 목사(대치동 서울교회 원로목사)와 신성종 박사(전 총신대학장) 같은 기라성 같은 목회자들을 6년씩 후임자로 담임 시켰으나, 결국 원로 목사와 관계 악화로 눈물로 그 교회를 떠났고, 원로 목사의 뜻에 따라 자기 아들(김성관 목사)을 뒤늦게 신학을 시켜 세습을 했으나, 15년도 못되어 또 교회가 큰 혼란에 빠지게 되었습니다. 이 모든 문제의 장본인은 곧 원로 목사 김창인 목사 때문에 일어난 일들입니다. 원로 목사가 세례 요한처럼 "광야에 외치는 소리" 로 그 교회를 떠나 주었다면 충현교회는 아마 세계적인 대교회가 되었을 것입니다. 한국에서 분쟁에 직면한 교회로, 싸우는 교회는 대부분 원로 목사가 그 교회에 출석하므로

일어난 일들이 허다합니다.

7. 서울대 출신 대중가요 가수인 최희준씨의 노래가 있습니다.

"인생은 나그네길 어디서 왔다가 어디로 가는가. 구름이 흘러가듯" 내가 가사를 잘 모르나 이 대목은 잘 압니다. 노래의 메세지는 나그네 같이 흘러가야 한다는 것입니다. 교회는 목사도 가야하고, 장로도 권사도 교인도 다 떠나가야 합니다. 그래도 오직 교회는 하나님께서 인도해나가는 법입니다. 그러니 그 교회에 있는 동안 얼마나 성실히 성경 말씀대로 살았는지, 진리대로 충성스럽게 살았는지, 그것만 가지고 주께 가는 것입니다. 그래서 목사나 장로는 떠나는 연습을 잘해야 하고, 일 잘하고 열심일 때, 박수받을 때 떠나는 자가 제일 훌륭한 예수님의 제자입니다.

안 떠나고 한 자리에 오래 오래 깔고 있으면 터줏대감 노릇하고 또 주인 행세하면, 참 주인이신 하나님은 온데 간데 없어지고 맙니다. 그래서 목사는 한 점 부끄럼없이 잘 떠나줌으로, 후일 세월이 흐르면 흐를수록 더 빛이 나게 됩니다. 그러면 그 다음에도 그런 목사가 와서 그 교회를 잘 섬기면서 '성경대로 사는 것이 교회이다' 라는 대명제가 빛이 나게 됩니다. (개척교회를 하고 있는 자나 원로 목사로 본 교회에서 터줏대감 노릇하고 있는 자들은 이점에서 자유로와야 할 것입니다.)

8. 그러므로 목사는 물러나면 본 교회와 일체 관계를 끊어야 하는 것이 원칙이며 목회의 도리입니다. 아무리 일평생 죽을 고생으로 이루어놓은

목장이라고 해도 하나님께 다 바친 것으로 최고 은혜요 축복임을 알아야 합니다. 누가 칭찬이나 존경합니다. 사랑합니다 하면 "이 무익한 종이 마땅히 해야 할 일을 한 것 뿐입니다"하며 사양하면서 다 하나님께서 하신 일이요 나는 거의 한 일이 없습니다 하고 칭찬, 영광, 존경을 다 하나님께만 돌리고 자기는 뒤로 빠지는 것이 우리 주님과 사도 바울, 세례 요한의 정신이요 믿음입니다.

9. 주의 종은 모든 것이 내 것이 아닙니다. 심지어 내 생명도 우리 자녀도 손주도 내 것이 아닙니다, 그런데 하나님의 뜻에 따라 교회를 위해 재물을 좀 바쳤다고 내 것으로 착각하는 자가 많습니다. 사실 그 재물도 원래 하나님께서 주신 것을 하나님께 다시 드렸으니 큰 일을 한 것도 아니요 칭찬받을 일도 아닌 것입니다. 마땅히 할 일을 한 것 뿐입니다. 물질은 하나님께 드렸으면 내 것이 아니라 하나님의 것입니다. 그런데 교회를 개척하고 성장시켰다고 뒤에서나 앞에서 좌지우지하고 주인 노릇을 서슴없이 자행하면 주인이신 하나님은 온데 간데 없고, 그 원로목사의 교회가 되고 맙니다. 그러니 힘들고 죽을 고생해서 일구어 놓은 목장 때문에 도리어 하나님의 미움을 받게 되니 목사는 은퇴후에는 아무 미련없이 그 교회를 떠나주어야 합니다. 뒤에 사는 생활은 하나님께서 다 책임져주십니다.

10. 목사는 청지기요 종, 섬기는 노예에 불과합니다. 이것은 직분자의 사명인 것입니다. 원로목사들이 사명받을 때의 초심으로 돌아가야 되

는데 초심은 이미 온데 간데 없습니다. 자기 욕심, 명예, 노후 평안만 생각하는 것이 목회의 본질이었는가 생각해봅시다. 육신으로 기울어지면 점점 망하고 있는 것입니다. "너희가 성령으로 시작하였다가 육체로 마치겠느냐" 직분자라면 무소유를 강요할 수는 없으나, 무소유 사상을 지니고 살아야 직분자의 도리입니다. 많은 목회 성공자라고 자부하는 자들이 그 놈의 욕심과 명예 때문에 그간 일구어 놓은 그 많은 복을 발로 차 버리는 축구선수가 될 것인지, 종, 노예로 조용히 살다가 저 소망의 나라 주인공이 될 것인지, 어떤 것이 더 나은지 판단하시길 바랍니다.

11. 허순길 박사의 오무 장례식은 우리에게 신선한 충격과 많은 과제를 주었습니다. 그간 우리는 허례허식으로 가득 찬 장례식 치루기를 당연하게 여기진 않았는가? 그는 오직 소망을 하늘 나라에만 둔 신실한 종임이 증명되었습니다. 장례는 가정사 문제지 교회장, 노회장, 총회장 문제로 격상시킬 필요가 없는 것입니다. 목사라면 소망을 오직 하늘 나라에만 두고 이 땅의 것을 배설물로 여길 수 없을까?

12. 세례 요한에게서 배웁시다. "그는 흥해야 하고 나는 쇠하여야 하리라" 무엇을 하든지 주님과 그 나라만 흥하고, 잘 되면 되고, 아무리 애쓰고 힘들게 이루어놓은 일일지라도 나는 쇠하듯 자취도 남기지 말고 없어지는 광야의 소리가 되어야 합니다. 원로 목사는 빨리 몸 정리 짐정리하고 본 교회를 떠나 나갈 교회를 정하시고 아무리 다

녀도 다닐 교회가 없다면 집에서 부부가 합심하여 가정교회를 또 개척하십시오. 아마 하나님께서 엄청 기뻐하실 것이니 꼭 실천해보시길 바랍니다.

●은퇴 후 은퇴 목사의 출석 교회는?

가. 은퇴한 교회에 출석해야 한다(김현우, 최병학).

나. 은퇴한 교회에 출석하지 말고 떠나 주어야 한다. 엄칠문 목사.

※ 좋은 시간에 출타로 결석하게 되어 죄송하며 메모를 남깁니다.

●현실적으로 좋은 주제, 시의(時宜) 적절하나 교계 현장에서 이번 문제의 부상 자체가 안타까운 현실이다.

☆ 은퇴하는 목사님은 최선을 다한 교회의 예우에 감격하며 사양하고 감사하며, 교회는 감심으로 힘을 다해 선대하며 모시려하는 그날은 언제나 올까?

어떻게 함이 하나님께 영광이 될까를 말씀 중심으로 판단함이 절실하다.

나. "은퇴한 교회에 출석하지 말고 떠나 주어야 한다" 입장에서

●은퇴목사는 여건만 되면 은퇴한 교회에 출석함이 바람직하다.

―교회사에서 희귀한 미담을 소개합니다.

1909년 설립된 통합측 안동시 안동교회는 2003~2006년엔 원로목사 2명.

상원로 목사 김광현. 1966년 51대 총회장 역임. 2006년 소천.

원로목사 김기수. 1994년 79대 총회장 역임. 2014년 소천.

9대 담임목사 김승학. 2003년 부임.

8대 김기수 목사는 김광현 목사 출타시에만 오전예배 시 축도.

사회적으로도 교회의 미담이고 모범.

• 은퇴 목사를 기쁨으로 모시는 현실이 되려면 어떻게 해야 하나?

• 본인은 은퇴 즉시 고향 본가 안동으로 온 경우이다.

1. 실질적 은퇴에 보탬이 된다.

2. 교회는 하나님이 주관하시고 세운 사람을 통해 역사하심.

3. 오랜 세월 따라 사람은 사람에 대한 염증을 느낄 수 있다.

시쳇말로 박수 받을 때 떠남.

4. 삼상8장의 이스라엘 백성이 왕을 요구하고 하나님은 허락의 교훈.

5. 현임의 힘찬 목회에 보탬이 됨.

6. 교인들이 현임 중심으로 전적 협력토록 함.

7. 시무 때의 아름다움은 고운 추억으로.

• 명화 감상―일정한 거리가 필요함.

• 감동 받은 책의 저자―상상할 때가 더 좋다.

8. 혹 있을 수도 있는 잡음. 구설(口舌)에 초연할 수 있다.

• 근묵자흑

9. 조언하고 픈 생각을 자제하기에 좋다.

10. 은퇴자는 흘러간 물이요, 넘겨 준 바톤이다.

11. mentor 착각에서 벗어나야 좋다.

• 후임자가 시무하던 교회 성도 모두가 mentee (mentoree, protege)라는 착각 탈퇴.

12. 경륜에 따른 조언을 요구받을 때에만 간단명료하게 존중하면서 겸손히 조언.

빌2:3 "겸손한 마음으로 각각 자기보다 남을 낫게 여기고"
(엡5:21, 롬12:10, 엡4:2)

2017. 2. 28. 火. 엄 칠 문

토론의장 ②

사순절 지킴이 성경에 옳지 않다는 이론

이병삼 목사

1. 하나님이니 예수님의 명령이 없었던 절기이기에 지켜서는 안 된다.

2. 성경 어디에도 명령한 곳이 없는데 천주교의 산물이니 지킬 수 없는 것이다.

"사순절의 정의와 의의"

부활절 전에 금식하며 회개하는 40일 간의 절기로 니케야공의 때(AD 325년) 때에 결정하여 정해짐. 여기 40이라는 숫자는 예수 그리스도의 40일 금식기도, 모세의 시내산에서 40일 금식기도, 예수님이 부활하여 승천까지의 40일 활동과 같이 고난과 갱신의 상징적 기간으로 등장하게 됩니다.

그레고리 교황 때부터는 "재의 수요일"에서 시작하여 46일 동안(주일 생략) 엄숙히 지키었으나 점차 완화되어 최근에 금식보다 구제와 경건훈령에 치중하고 있다.

3. 기독교는 금식이나 고행의 종교가 아니다. 금식은 신랑이 안 계실 때는 금식해야 한다. 임마누엘의 주님 신랑은 우리 곁에서 떠나지 않고 있기에 금식해서는 안 된다. 고난과 고행으로는 우리 죄와 실수를 씻을 수 없다. 오직 회개와 믿음만이 가능한 것이다. 예수님과 모세의 40일 금식은 고행을 위한 것이 아니고 하나님의 뜻을 찾기 위한 기도였다. 오늘 우리 기도가 하나님의 뜻을 찾기 위한 기도나 금식이 아니면 아무 성과가 없는 것이다.

4. 니케아 공의 때(AD 325년) 결정했고 그레고리 교황 때부터는 "재의 수요일"부터 시행하기로 했으나 종교개혁자들이 보실 때는 잘못된 결정과 그 시행에서 오는 폐해를 보고 반대하기 시작했습니다. 원래 종교개혁자들은 절기나 성인의 기념날짜 등을 아주 싫어하셨습니다. 이와 비슷한 예로 가운을 꼭 입도록 명령 내림에 반대하여 영국 개혁 교회에서는 500여명이 순교를 당하면서까지 주의 명령, 성경 명령이 없는 가운착용을 반대하다 화형 당할 정도로 오직 하나님이나 예수님의 명령, 성경의 명령만이 그들의 신앙의 목표이었다. 루터와 칼빈은 절기와 축제일을 없애기를 원했다. 주일 지키는 것 이외는 다 폐지하기로 결의했다. 1574 도르트공의 때는 성탄절 전면폐지결정을 내렸으나 권력자들이 시민의 편의를 위해 공휴일로 공포하므로 폐지

결정이 무산되고 더 성황리로 발전했다.

절기나 기념일로 지키는데 오는 오점도 많다.

개혁교회절기란 항상 예수그리스도의 구속사역을 기념하기 위한 것이다. 한국 교회는 구속사역과 관계없는 어린이 주일, 어버이 주일, 추수감사주일, 송구영신예배, 송년예배, 신년예배 이런 것들은 성경에도 없고 예수 그리스도나 하나님이 원해서 드리는 것이 아니다.

그 허점으로는

1) 마치 그 날에만 그런 일이 있는 것처럼 다음 날은 아예 잃어버리는 경우가 많다. 고난 주간은 예수님 고난을 고난 주간에만 당하신 것으로 착각하기가 쉽다. 사실은 예수님이 이 땅에 오신 것 자체부터가 고난이지 않습니까? 그래서 고난 주간은 1년 52주일 365일 매일 매일로 지켜야 되는 것이지 어느 절기 때만 지켜서는 안 된다.

2) 추수감사절만 감사하고 다른 날은 감사하지 안 해도 되는 것입니까?

3) 비본질적인 것이 더 난무하게 되는 것이 큰문제입니다.(부활절하면 계란, 성탄절하면 산타클로스, 크리스마스트리, 선물, 카드 등등)

5. 그래서 종교 개혁가들은 생명 내놓고 성경과 예수님의 뜻이 아닌 것은 다 배격했다. 성경 위반이라고 생각한 개혁주의자들이 패지 된 것들을 오늘 날 우리 한국 교회가 되 살려 내는 것들이 많다.(그 예로 사순절 지키는 것, 세족식, 가운 입는 것, 강단상을 거창하게 지장하는 것, 교회 창문 스텐드 그라스, 교회 벽면에 여러 성화 그림으로 장식

하는 것 그 외에도 많다). 종교 개혁가들이 목숨 내던지면서 폐지하였던 것을 우리가 되살려서야 되겠습니까? 나는 사순절 지키길 1990년대부터 모르고 지켰습니다. 이웃 교회가 다하는데 나만 안 하는 것 같아 어정쩡하게 시행했습니다. 그러나 2005년 후임자가 와서는 아주 대대적으로 실행하기에 가만 두었습니다. 그러다 2010년부터 여러 문헌과 종교 개혁자들의 많은 서적을 읽고서야 잘못됐다는 것을 알고 아무리 시정하려고 해도 중과부족입니다. 하였든 누가 뭐래도 사순절 시행은 엄연한 신앙이 아닌 것만은 확실합니다. 오늘 이 이론의 말씀을 듣고 앞날을 잘 판단하시길 바랍니다. 고르반 시행도 바리새인들이 잘 믿어 보겠다고 선정하여 지켰으나 마 15:1-6, 예수님의 호된 책망을 받았습니다(장로들의 유전). 이사야 29:13 "이 백성이 입술로는 나를 존경하되 마음은 내게서 멀도다 사람의 계명으로 교훈을 삼아 가르치니 나를 헛되이 공경하는 도다". 마 15:13 "심는 것 마다 내 천부께서 심으시지 않는 것은 뽑힐 것이니". 어제 잘 시행하다가도 오늘 성경 위반이나 예수님과 하나님의 뜻이 아니면 오늘이라도 개혁하고 고치는 것이 개혁주의입니다. 불의와 잘못인줄 알면서 그냥 그 속에서 지켜나가면 개혁주의 이길 포기하는 사람입니다. 사순절이 있다면 열성파에서는 오순절이 안 나온다는 법이 없으며 오순절이 너무 길다고 느낀 현실파에선 이순절도 안 생긴 법도 없다. 교회 절기가 사람들 기분에 맞추어서 되겠는가? 한 때 40일 새벽기도 작전이 유행했다. 너무 길다고 20일 새벽기도 작전으로 변경시키듯이 사람들 편의와 인기에 의한 것이 어찌 하나님이 기뻐하시겠는가?

천주교인들 중에서나 신부들 중에서 성경을 읽고서 천주교회에서의 잘못된 것을 깨닫고(마리아 숭배론, 성모마리아 동정녀 설(예수 그리스도만 낳고 다른 자녀 낳지 않았음으로), 마리아 승천 설, 마리아 이름으로 기도, 마리아는 구원 가능 설, 고행주의, 선행주의로 구원 가능). 개혁교회로 회개하고 돌아온다면 좋으련만 천수교의 역사와 조직, 출교가 무서워서 그냥 천주교에 머물러 있다면 얼마나 한심한 일인가?

아무리 개혁교회 교인이라 해도 성경에서 이탈된 것을 알고도(세습, 사순절, 송구영신, 일천번제) 개혁하지 않고 그냥 교회에 출석한다면 마치 천주교회에 머물러 있으면서 성경에서 많이 떠나 있는 것을 깨닫기만 하고 나오지 않는 교인과 신부와 50보 100보인 셈이다.

히2:15 "죽기를 무서워하므로 한 평생 매여 종 노릇 하는 모든 자들을 놓아 주려 하심이니".

이것으로 사순절 지킴의 부당함을 온 세상에 공포하노라

사순절을 지켜야 하는가?
아니면 안 지켜도 되는가?

임종수 목사

시작

갈릴리 바다, 생각만 하여도 푸르러고 쉴사이 없이 파도치는 그곳... 어느날 밤에 제자들과 함께 배를 타ㅏ 시고 건너가실 때 갑자기 닥친 파도에 제자들은 절망과 공포에 싸여 외치기를 '주여 우리가 죽게되었으니 살려달라' 고 아우성을 쳤다. 피곤에 지친 주님께서 일어서셔서 '바다를 향하여 잔잔하라' 명령을 하시니 성난 파도가 그쳤고 잔잔하게 되었다. 그리고 제자들을 향하여 어찌하여 무서워 하느냐고 책망을 하였다. 또한 믿음이 적은 자들이라고 하였다. 인간 이성을 이해가 불가능한 사건 앞에 제자들은 '이 어떠한 사람이기에 바람과 바다도 잔잔하는고' 하면서 문제해결의 예수님 앞에 감탄하였다.

그리고 너희는 나를 누구라 하느냐? 라는 질문 앞에 많은 사람들이 성인 중에 한 사람으로 평가하고 말이 없지만 베드로는 '주는 그리스도시요 살아계신 하나님의 아들' 이라고 옳은 대답을 하였다.

고전1:22-24 '유대인은 표적을 구하고 헬라인은 지혜를 찾으나 우리는 십자가에 못 박히신 그리스도를 전하니 유대인에게는 거리끼는 것이요 이방인에게는 미련한 것이로되 오직 부르심을 입은 자들에게는 유대인이나 헬라인이나 그리스도는 하나님의 능력이요 하나님의 지혜니라.' 우리는 이 그리스도를 찾아야 한다. 우리는 이 예수님을 만나야 한다. 예수만이 생명이요 예수만이 살 길이다. 예수님의 십자가에 생명이 있고 예수님의 부활에 능력이 있다. 예수님만이 갈이요, 진리요, 생명이다. 그를 찾는 자는 찾을 것이요, 만나는 자는 생명을 얻을 것이요, 그를 붙잡는 자는 천국을 얻을 것이다.

요11:25-26 '나는 부활이요 생명이니 나를 믿는 자는 죽어도 살겠고 무릇 살아서 믿는 자는 영원히 죽지 아니하리라.'

요14:1-3 '너희는 마음에 근심하지 말라 하나님을 믿으니 또 나를 믿으라 내 아버지 집에 거할 곳이 많도다 내가 너희를 위하여 처소를 예비하러 가노니 가서 너희를 위하여 처소를 예비하면 내가 다시 와서 너희를 내게로 영접하여 나 있는 곳에 너희도 있게 하리라.'

부활과 영생을 약속하신 이 예수를 만나는 자는 기쁨을 얻되 세상의 물질로도 쾌락과 여예와 권세로도 얻을 수 없는 충만하고 영원한 기쁨과 평안을 얻을 것이다.

요14:27 '나의 평안을 너희에게 주노나 내가 너희에게 주는 것은 세상이 주는 것과 같지 아니하노라.'

우리는 이러한 평안을 얻어야 한다. 예수가 주는 주시는 평안, 예수가 주시는 기쁨, 예수가 주시는 행복을 얻어야 한다. 오직 예수, 오직 예수 만이 주시는 평화를 맛보아야 한다.

부모도 죽고 형제도 죽고 친척도 죽고 친구도 죽는다. 그러나 예수만이 영원히 우리와 함께하신다. 이 예수를 만나면 중생하여 죽음을 주려워하지 않으며 담대하게 살게 된다. 우리를 위하여 십자가지신 예수님을 생각해 보자.

월요일-마21:1-17

1. 두 제자는 나귀 주인에게 무슨 말을 하였는가?(8글자로)
2. 나귀 주인은 어떻게 처신하였는가?(6글자로)
3. 5절은 구약 어디서 인용하였는가?(두 복음)
4. 무리들은 어떻게 찬송하였는가?
5. 성전에서 어떤 사람들을 내어 쫓았는가?(3종류의 사람들)
6. 사56:7은 본문 몇절에 있는가?

화요일-마22:15-46

1. 바리새인들이 예수님께 무슨 질문을 하였는가?(17-21)
2. 예수님은 어떻게 대답을 했는가?(17-21)

3. 사두개인들의 특징적인 질문은?(23)

4. 신25:5은 몇절에 인용하였는가?

5. 부활때에 어떤 생활을 한다고 하였는가?

6. 율법중에 어느 것이 제일 큰가?(36)

7. 강령 두 가지는 무엇인가?

수요일-요12:1-8

1. 누가 예수님을 위하여 잔치를 배설하였는가?
2. 누가 값비싼 향유를 예수님의 발등상에 부었는가?
3. 가룟유다는 그 향유의 값을 얼마로 계산하였으며 어떻게사용 하자고하였는가?(한 데나리온은 1인의 하루 노임, 300데나리온은 1년 노임)
4. 가룟유다는 어떤 사람인가?(6)

목요일-요13:1-38

1. 유다의 마음에 무엇이 들어갔는가?(2,27)
2. 베드로는 자기의 발을 씻기시는 예수님께 무슨 말을 했는가? 그리고 예수님은 무엇이라 대답을 하였는가?(4-11)
3. 베드로는 주님을 위하여 나의 목숨을 버리겠다고 했을 때 예수님은 무엇이라했는가?(38)

금요일-요19:17-42

1. 예수님은 십자가를 지시고 어디로 가셨는가?(17)
2. 군병들이 행한 일은 무엇인가?(2 가지로)
3. 예수님께서 목마르다고 하실 때 무엇을 입에 넣었는가?(29)
4. 32-37에 두 강도의 다리만 꺽고 왜 예수님의 다리는 꺽지않았는가?(시34:20, 출12:46, 민9:12)
5. 한 군병이 창으로 예수님의 옆구리를 찌르니 무엇이 나왔는가?(34)

토요일-요20:1-31

1. 안식후 첫 날은 지금 무슨 요일인가?
2. 9절은 구약 어디서 인용하였는가?
3. 부활하신 예수님은 21절에 무엇이라 했는가?
4. 마리아는 부활하신 예수님을 누구로 착각했는가?(15)
5. 도마는 무슨 권면을 받았는가?(27)
6. 성경을 기록한 목적이 무엇인가?(31)

***생각해 보자(Think about Resurrection)**

1. 예수님의 고난에 동참한다는 의미는 무엇인가?
2. 예수님께서 사망의 권세를 이기시고 부활하셨다는 의미는?

사순절이란?

1. 성탄절기에서 사순절까지

교회사를 보면 탄생, 십자가 고난, 부활, 승천 그리고 성령강림을 기념하는 것이 전통적으로 지켜왔다. 이것을 교회 년도(Church Year or Christian Year)라고 불렀다.

교회 년도에서 가장 중요하게 지켜진 절기가 두 가지가 있다.

하나는 성탄절기 다른 하나는 사순절, 부활절이다.

1) 강림절은 성탄일 이전 4주일 째 부터 시작하여 12월 25일 성탄일을 절정으로 하였고, 성탄후 12일간을 성탄절기(Christmastide or Christman Season)로 지키는데 이 절기의 마지막 날인 1월 6일우 공현절(Epiphany)이라 하여 동방박사가 아기 예수님을 찾아와 경배한 것을 기념하였다.

이 전야는 성탄 후 12일 째 밤이므로 제12야(Twelfth Night)라 불렀다. 공현절 후의 첫 주일은 주님의께서 세례(Baptism of the Lord)를 받으신 날로 지켜 예수님이 세례요한으로 부터 세례받으신 것을 기념하는 날로 지켰다.

2) 부활절은 40일간(주일을 빼고 계산)지키는 사순절로 시작해서 부활주일 후 50일간(주일을 계산함)계속되는 부활절기(Eastertide)끝날인 오순절(Pentecost)또는 성령강림 주일(Whitsunday)까지 계속

된다.

전자와 후자 사이에는 특별한 절기가 없는 보통기간(Ordinary Time)으로써 교인의 영적 성숙과 성장을 도모하는 때이다.

이 보통기간의 마지막 주일(사순절 시작 전주일)은 산상변화 주일(Transfiguration o the Lord)로 지켰다.

2. 사순절 기간 계산 법

사순절은 부활 주일 전 40일에 시작 되므로 부활 주일이 정해져야 그 기간이 확정된다. 그런데 부활 주일은 이동축제일(Moveable Feast)이다.그러면 부활주일은 어떻게 정해지나요?

본래는 부활절을 유대교의 유월절과 연결해서 지켰다. 예수님의 수난과 8일간의 유월절 기간 중에 일어났기 때문이다. 그러다가 주후 325년 니케아 공회(Council of Nicaea)에서 부활주일을 유대교에서 발표하는 달력 계산에 의존하지 않고 (당시 유대교 달력 계산법은 비밀이었다)독립적으로 계산하기로 하여 3월 21일 춘분 후 첫 만월이 지난 후 첫 주일(The first Sunday after the first full moon on or after the vernal equinox)을 부활 주일로 지키기로 결정을 하였다. 이 계산 법에 따라 부활주일은 빠르면 3월22일 늦으면 3월21일 춘분 후의 첫 만월이 4월 15일 이므로 그 후의 첫 주일 4월 16일이 부활 주일이 된다.

이렇게 하여 부활 주일이 정해지면 이를 앞두고 40일 간 성도들이 기도와 절제와 금식으로 마음을 준비하는 사순절이 확정된다. 한문으로 순은 10을 뜻한다. 4순절은 40일간의 절기라는 뜻이다. 이것은 예수님께서 40일간 광야에서 금식하신 것을 기념하는 의미가 있다. 그런데 이 40일간은 주일을 빼고 계산하므로 이 기간중의 주일 6일을 합하면 달력으로는 46일간(즉6주 4일)이 된다. 주일을 이 금식 기간에서 제외한 것은 전통적으로 주님의 날인 주일에는 금식을 하지 않았기 때문이다. 그러므로 사순절은 부활주일 전 7번째 수요일에 시작해서 부활주일 전야(East Eve)토요일 까지 계속된다.

사순절 시작 전후의 특별한 날들

사순절이 시작되는 첫날을 성회 수요일(Ash Wednesday)이라 하는데 옛날 (지금도 구교에서는 시행 중)신부들이 이날 예배후 성도들의 이마에 회를 발라주어 인간의 육신이 흙으로 돌아감을 상기시켜 주는 풍습에서 유래한 이름이다. 이 회는 전년도 종려주일에 사용하였던 종려나무 가지를 보관했다가 태워서 사용한다. 금년도의 성회 수요일이 3월1일이 된다.

이 절기와 금식의 사순절 기간을 앞두고 경건한 교인들은 성회 수요일 전 3일간 참회절기(Shrovetide)로, 전날을 참회 화요일(Shrove Tuesday)로 지키기도 한다. 죄를 고백하고 용서를 구하는 때이다.

그러나 세속적인 풍속에는 특히 불란서와 미국(뉴 올린스)에서는 이 참회 절기에 사육제 또는 카니발(Carnival)이라 하여 금식기간에 들어 가기 전에 마음껏 먹고 마시고 놀고 즐기는 축제를 갖는 풍습이 있었다. 카니발이란 라틴어 Carne Vale이라는 단어에서 나왔는데 그것은 '고기여 안녕' (Flesh, Farewell)이란 뜻으로 이 축제가 사순절의 금식기간에 관련이 있음을 보여 준다. 카니발의 절정은 사순절 전야인 참회 화요일에 잔치와 행렬과 축제를 가짐으로 극에 달하게 되는데 그 이유는 이 화요일 '실찐 화요일' 또는 '식육 화요일' 이라 부른다. 영어로는 Fat Tuesday라 하고 불어로는 우리가 잘 아는대로 마르디그라(Mardi Gras)라고 한다. 영국에서는 이 날을 펜케익 화요일(Pancake Tuesday)라고도 하는데 사순절 시작 전에 집에 있는 기름을 다 없애기 위해 펜케익을 잔뜩 먹기 때문이다.

사순절 기간 중의 특별한 날들

사순절 기간에는 주일날이 6회 있는데 옛날에는 주일을 수난주일(Passion Sunday)로 그에 따르는 한 주일은 수난주간으로 하여 부활주일 까지의 두 주간을 수난절기(Passiontide)로 지켜 예수님의 수난을 기념하였다. 또 6번째 주일(부활주일 전주일)은 종려주일(Palm Sunday)이라하여 예수님의 예루살렘 입성을 기념하였다. 그러나 근래에는 (30년 전부터) 수난주일을 한주간 늦춰서 수난주일을 종려주일과 같은 날로 지킨다. 이렇게 원래 2개의 다른 주일이 이제는 하나가 되었기에 부활주일 전주일을 어떤 해는 종려주일로 어떤 해는 수난

주일로 번갈아 지킨다.

부활주일 전 한 주간은 신성주간(Holly Week)또는 새로운 정의에 따라 수난주간으로 지킨다.

이 주간의 목요일은 성 목요일(Holly Thusday)로써 최후 만찬을 기억하고 또 제자들의 발을 씻기신 것을 기념하여 세족목요일(Maundy Thusday)라고도 한다. 이 목요일 밤에는 예수님이 겟세마네 동산에서 기도하신 후 체포되었다.

그 다음 날은 수난 금요일로서(Good Friday)로서 예수님께서 십자가에 못박혀 돌아가신 것을 기억하고 명상하는 날이다. 사순절 전 기간에 금식을 못한 성도들은 이 날에 금식하거나 최소한도 고기를 먹지 않는 것을 볼 수 있다. 그 다음 날 성 토요일로써 육신이 무덤에 안치되어 있으신 날이다. 이 날은 또 부활절 전야(Easter Eve)이기도 하다. 어떤 교회에서는 이 날밤 주님의 부활을 기도와 ㅜ명상으로 기다리며 철야하기 때문에 이것을 부활절 철야(Easter Vigil)이라고 한다.

사순절이 끝날후의 특별한 날들사순절이 끝나면 물론 부활주일이 된다. 예수님의 부활을 기쁨고하 즐거움과 큰 소망으로 맞는 날이다. 부활주일 부터 한 주간을 부활주간이라고하고 특히 부활 주일 다음날은 부활절 월요일이라하여 영국과 카나다에서는 수난 금요일과 더불어 국경일로 지킨다.

미국은 수난,금요일, 부활절 월요일을 공휴일로 지키지 않는다.

부활주일은 또 부활절기의 첫날이고 첫 주일이다. 부활절기는 부활주일 부터 오순절 또는 성령감림주일까지의 50일 간의 절기이다.

이상과 같이 역사와 전통을 지킨 것은 예수님의 수난을 기억하고 금식하며 기도하는 절기라면 구태여 없앨 필요가 없다고 본다.

우리가 이렇게 아름다운 절기를 지키지 못하는 것을 회개할 필요가 있고 앞으로도 이러한 전통을 후손들에게 잘 지키도록 교육하며 모범을 보여야 할 것이다.

감사합니다.

임종수 목사

드높일 사순절(四旬節) 정신

엄칠문 목사

1. 四旬節(Lent)

① Lent ← lecten(봄, 봄날) + lang(길다) 고어에서 유래

② 40일 봉재(封齋) – 옛날

③ 내세절(大祭節) – 천주교, 성공회

④ 부활절 앞 40일간 주님 고난 상기, 경건 생활로 재계(齋戒)

2. (齋戒) 재계 방법

① 금식 – 예수님의 광야 40일 금식 생각(마4:1,2)

② 초기 기독교에서 四旬節 식사(Lent Fare)

– 저녁 한 끼, 채소 중심 음식, 생선, 달걀은 허용. 일몰 후.

– 동방 정교회에선 생선, 달걀도 금지 : 현재도 실시

– 점차 완화

9세기 – 재계일 끝나는 시간을 15시로

15세기—저녁이 점심으로 이동. 저녁 기도를 점심 전으로, 저녁에는 간식.

간식은 음료 만. 13세기부터 가벼운 식사.

중세기—물고기 허용, 우유도 허용.

1966. 현대 생활에 맞게 완화. 육류금지—재의 수요일, 성금요일 한정

③ 영적, 경건훈련, 성경 읽기, 기도, 금식, 예수님의 고난 묵상, 부활 대망, 예수님의 부활 축하

3. 고대 교회에선 세례 준비 교육에 주력

주간 별로 준비 및 심화 교육

4. 四旬節 기간의 변화

① 3세기 초까지. 2~3일, 부활절 준비 재계.

② 니케아공의회(325)에서 40일 확정 후 일반화.

③ 동방교회 : 600년경부터 7주간(토, 주일 제외. 부활주일 포함 36일).

④ 서방교회 : 6주간(주일제외 36일).

⑤ 예루살렘교회 : 40일 지킴(5일만 금식) →8주간 지켜 40일 채움

⑥ 교황 그레고리 때부터 40일 지킴 ← 7세기부터 40일 채우려고

재의 수요일부터 사순절 시작

⑦ 현대 로마교. 전례 개혁으로 주일도 포함시켜 40일로 정함. 재의 수요일부터 주님 만찬의 성 목요일 저녁 이사 전까지 정함

5. 재(灰)의 수요일(Ash Wednesday)

사순절 제1주 전 수요일(부활절 6주전)

사제가 미사 때 참회의 상징으로 재(灰)를 축복하고 신자의 머리에 얹는 '재의 예식' 에서

'재의 수요일' 명칭 생김.

- 재의 수요일을 사순절의 첫 날로 정한 것은 7세기 경.
- 재를 예배자의 이마에 바르거나 머리에 얹는 것은 8세기 경.
- 성경적 근거는 회개, 슬픔 표시로 재를 바르거나 뿌림에서 유래.
  삼하13:19. 에4:1. 사58:5. 렘6:26.

6. '40'의 상징과 성경의 용례

- 예수님의 40일 금식. 40년 광야생활. 노아 홍수. 모세의 40일 시내산 …

7. 사순절의 정신을 드높이자

예수님의 금식. 십자가. 부활. 묵상. 기도. 경건. 재계(齋戒).

한국 교회를 향한 퀴즈 문제집

성경 연구

A. 목회자반 10문제
B. 장로 안수집사반 10문제
C. 권사 및 일반 성도반 10문제

A. 성경연구(목회자반)

1) 여호수아와 갈렙 외에는 가나안 땅에 들어간 사람이 없다고 믿고 있다. 그런데 이 두 사람 이외에도 또 가나안땅에 들어간 두 사람을 말하시오.

2) 구약시대의 고엘제도에 대한 그 실례를 성경에서 찾아주세요.

3) 바벨론 포로 귀환 시대 어찌 다니엘은 돌아오지 않았을까요?

4) 성경에서 여러 가지 기원이 나옵니다. (어느 성경 몇장 몇절인가요?)

① 새벽기도회

② 강대상

③ 성경공부

④ 설교의 유래

⑤ 회개 통곡 기도

⑥ 매일 성경 통독

5) 신약 성경에서 구약성경을 인용하는데 있어 왜 구약 성경을 그대로 옮기지 않았을까요?

6) 다윗의 실수 4가지와 그 원인 세 가지를 기록한다면?

7) 다윗이 법궤 이동시에 어깨에 메고 간 인물들 8명 (성경본문)

8) 유대 열왕들 중 최고로 종교개혁한 자는 요시야 (유다 16代王)이다.
종교개혁 완성, 성전수리 완성, 율법책 발견, 회개 운동, 신앙 부흥 운동 등.
그런데 어찌하여 므깃도 전투에서 전사로 최후를 마치게 됐을까요?

9) 다윗이 인구조사 한 것이 큰 죄라고 고백했으나 하나님의 큰 재앙 (백성이 7만명 사망)까지 내리신 큰 잘못은 무엇이었을까요?

10) 천동설을 주장하던 교황청이 지동설 주장자들을 단죄내린 성경들과 지동설을 주장하던 원조는 누구일까요?

B. 성경 연구 (장로 안수집사반)

1) 욥의 세 친구는 하나님으로부터 책망과 징계를 다 받기에 이른다. 그런데 어찌하여 젊은 친구 엘리후는 아무 책망도 징계도 없을까요?

2) 성경에는 천사가 남자가 대부분이다. 여자 천사가 유일하게 나온다. 성경 구절을 찾아주시오.

3) 성경에는 아람어가 많이 나온다 (예: 달리다굼, 에바다, 엘리엘리 라마 사박다니)
예수님께서 이런 아람어를 사용하신 이유는 무엇인가요?

4) 바락은 드보라 밑의 한 장군이었고, 드보라보다는 믿음이 약한 것 같다.
히11장은 믿음장이다. 믿음의 용장 16명 명단에 드보라가 아닌 바락의 이름이 나온 이유는?

5) 마 1:18 "다윗부터 바벨론으로 잡혀갈 때까지 열네대요" 22명을 14명이라고 말한 이유와 그 8명은 누구누구인가요?

6) 솔로몬 성전을 완공하고 첫 번째 대제사장은 누구이며, 성경본문은 어디인가요?

7) 아간의 범죄로 (노략물 탈취) 아이성 전투에서 패배하게 된다.
어찌하여 그 이후 전투에선 노략물을 다 나누어 가져도 패배가 없었을까요?

8) 구약성경의 인물 중 예수님의 모형을 가장 많이 예표한 분이 요셉이다.
그런데 왜 그 요셉의 두 아들은 축복받지 못하고, 하나님 대적의 예표인 북이스라엘의 대표가 됐을까요?

9) "내 때가 아직 이르지 아니하였나이다"(요2:4) 그런 다음 바로 물로 포도주를 만드신 기적을 행하셨는데 앞뒤가 맞지 않는 것 같은 이유는?

10) 북이스라엘은 앗수르 포로로 끌려갔는데 다시 귀환하지 못한 것인가? 귀환했다고 보는 성경적 근거는 있는가?

C. 성경 연구 (권사 및 일반 성도반)

1) 성경에서 공용(龍)이란 단어로 나오는 성경 구절은?

2) 욥이 시험통과 후에 열자녀를 낳았다. ( ) 번호를 쓰시오.

① 새 부인과 결혼하고 낳았다

② 본부인과 낳았다.

③ 성경에 없다 (모르겠다.)

3) 사사기때에는 어처구니없는 사건이 많이 나온다. (레위인 첩 윤간 사건, 전쟁, 많은 전사자 발생) 왜 이런 사건이 많이 발생하게 되었나요?

4) 간음한 여인을 예수님께 데리고 왔을 때 예수님은 그들을 향해 땅에 쓴 글 내용은?

5) 사사기 이외에 있는 사사 두 명은 누구누구인가요?

6) 성전 문지기 출신으로 사사까지 선견자로 성공한 사람은 누구인가요?

성전 문지기 ( ) 사사 ( ) 선견자 ( ) 본문

7) 제사 드리려고 가져온 짐승 가죽은 원래 헌제자가 벗겨야 된다. 대하 29:34,35:11에서 레위 사람이 가죽을 벗기는 이유는?

8) 우리가 들어갈 천국은 언제 창조하셨을까요? (요 14:2-3, 마 25:34) 창세전인가? 예수님 승천후인가?

9) 1차 포로 귀환후 스룹 바벨 성전 건축 사업이 시작되었다. (에스라 4:12-13,5:3,5:9) 성읍과 성곽 건축이 동시에 됐다고 나온다. 실제는 느헤미야 시대 약 50년 후의 일이다. 무엇이 잘못된 것일까?

광고

각반 문제에서 60점 이상자에게 이병삼 목사 저서를 선물로 소포로 우송해 드리겠습니다.

많은 응모 부탁드립니다.

C반 60점 이상자에겐 설교집 3권

B반 60점 이상자에겐 설교집 및 서적 5권

A반 60점 이상자에겐 설교집 및 기타 서적 7권

어느 누구든지 A반 1번 문제를 맞추시는 분께는 10권책 우송.

답안지 제출시에는 성명 주소 전화번호(H.P)

자세히 적지 않으면 소포 배송에 차질을 빚을 수 있습니다.

A반은 1번 문제를 맞추지 않으면 우송치 않습니다. 다른 문제 9개가 다 맞았어도 이유 불문합니다.

단, 다니엘 학회 회원 지도교수나, 학회 관계자들에게서 미리 알게 된 자들은 양심에 비추어 응모치 말아주십시오. 이미 연구시간에 발표된 사항들입니다.

성경공식

구약

1) 12지파와 그 어머니들(르시레유/단납/갓아/잇스/요베) (레, 빌, 실, 레, 라)

2) 애굽에 내린 10재앙(피. 개. 이. 파. 가 / 악. 우. 메, 어. 장)

3) 십계명(다. 우. 망. 안 / 부. 살. 간. 도. 거. 탐)

4) 사사 13명 중 6명단 (옷. 드. 기 / 입. 삼. 사 1.4.5 /8.12.13) 13명

5) 룻의 6가지 고백 (가. 머. 백. 하. 죽. 죽외)

6) 호렙산에 나타난 하나님의 모습 (풍. 진. 화. 음)

7) 요담의 저주에 나온 네 나무 (감. 무. 포. 가)

8) 욥의 네 친구 이름 (엘. 빌. 소. 엘후)

9) 도피성 지명 (게. 세. 헤 / 베. 라. 골)

10) 이스라엘 왕들(42명) : 통일(3명), 유다(20명), 북이스라엘(19명)
이스라엘의 선지자(39명) : 통일(5명) 유다(17명) 북이스라엘

(10명) 포로시대(4명) 귀환시대(3명)

신약

1) 예수님의 팔복 (심. 애. 온. 의주 / 긍. 마. 화. 의핍)
2) 예수님의 12제자 (베. 안. 야. 요 / 빌. 바. 도. 마 / 야. 다. 시. 가)
3) 예수님의 십자가상 7언(용. 낙. 모. 기 / 갈. 성. 탁)
4) 성령의 9가지 은사 (지지 믿 / 병예능 / 영방방통) (계시의 은사. 권능. 발성)
5) 성령의 9가지 열매(사희화 / 인자양 / 충온절)
6) 예수님의 7가지 천국 비유 (씨. 가. 겨. 누 / 보. 진. 그)
7) 소아시아의 7교회 이름(에. 서. 버. 두 / 사. 빌. 라)
8) 소아시아의 7교회 특색 (실애, 환난, 속화. 음란 / 생사. 개문. 미지근)
9) 베드로의 믿음의 8가법(믿. 덕. 지, 절 / 인. 경. 형. 사)
10) 예수님의 부활 후 12회 보이심 (막. 여. 베. 엠 / 10. 11. 갈7. 갈산11/ 500. 야. 감산11. 바)

기본상식

성경정경 완성

구약 : 목록수집 A.D. 90, 얌냐아 회의, 정경채택 A.D. 118 얌니아

회의, 39권 확정(목록 수집 후 28년만에 완성)

신약 : 목록수집 A.D. 363, 라오디게아 회의, 정경채택 A.D. 397 칼타고 회의, 27권 확정(목록 수집 후 34년만에 완성)

외경(外經) 구약과 신약 사이에 기록되었으나 정경에 들지 못한 14권의 책(B,C, 3세기~B,C,1세기경)

① 에스드라1서 ② 에스드라2서 ③ 토비트 ④ 유다서 ⑤ 에스더서 속편 ⑥ 솔로몬의 지혜 ⑦ 집회서 ⑧ 바룩서 ⑨ 세아이의 노래 ⑩ 수산나 이야기 ⑪ 벨과 용 ⑫ 므낫세의 기도 ⑬ 마카비서 1서 ⑭ 마카비서 2서

위경(僞徑) 히브리어 정경에도, 70인역에도 들지 못한 기록물들 10권이다.

① 에녹서 ② 모세의 승천기 ③ 이사야 승천기 ④ 환희의 책 ⑤ 솔로몬의 시편 ⑥ 열두 족장의 언약 ⑦ 시빌의 신탁 ⑧ 피르게아보스 ⑨ 아리스테아스의 편지 ⑩ 바룩의 묵시록

교회사 몇 가지

1. 로마 나라 :

① 그리스도교를 종교로 인정 A.D. 313 콘스탄티누스 황제

② 그리스도교 자유 선포 A.D. 323년 콘스탄티누스 황제

③ 그리스도교를 국교로 지정 A.D. 392 데오도시우스 황제 때(교인 0.9%).

－종교 인정 후 79년 후에 국교로 지정됨

2. 부활절 제정 : A.D. 325, 니케아 공의회 때(춘분 지난 첫 보름 지난 첫 주일로 제정됨)

3. 성찬식 제정 : A.D. 412, 칼타고 공의회 때(예찬은 폐지하고 성찬만 시행키로 제정됨)

4. 종교개혁 : 시작 A.D. 1517년 10월 31일,
완성 A.D. 1529년 (12년 만에 완전 성공)

오대 제국의 흥망사

① 앗수르 제국 : B.C. 2300년경, 사르곤 왕조 → B.C.625년, 바벨론의 나보폴리살이 멸망시킴

② 바벨론 제국 : B.C. 625년, 나보팔리살 → B.C. 539년, 파사의 고레스에 의해 멸망(86년 지속)

③ 파사 제국 : B.C. 539년, 고레스 → B.C.331, 헬라의 알렉산더에 의해 멸망(220년 지속)

④ 헬라 제국 : B.C. 331년 알렉산더 → B.C. 285년, 로마제국주의에 의해 멸망(46년 지속)

⑤ 로마 제국 : B.C. 476년 → 서로마 B.C. 395년 멸망(81년 지속) 동로마 A.D. 753년 멸망(1,229년 지속)

성경 역사 및 세계지국 역사서

① 아담 및 지구 세상 창조 : B.C. 4000년경, 6천년. 몇 억년 고생대 시대라는 말. 우주생성, 수천억년 발언 있을 수 없다.

② 노아시대 및 홍수 : B.C. 3000년 경, 셈, 몽고, 중국, 한국

③ 아브라함 족장시대 : B.C. 2000년경

④ 출애굽 연도 : B.C. 1446년경

⑤ 사울 왕 즉위년도 : B.C. 1,050년경

⑥ 다윗 왕 즉위년도 : B.C. 1,010년경

⑦ 솔로몬 왕 즉위년도 : B.C. 970년경

⑧ 유다와 이스라엘 분국년도 : B.C. 930년경

⑨ 북이스라엘의 멸망년도 : B.C. 722년경 (건국 209년만에 앗수르 살만에셀 왕에게)

⑩ 유다에 바벨론 침공 1차 : B.C. 606년경 (다니엘 및 세 친구와 왕 실족 약간 명)

유다에 바벨론 침공 2차 : B.C. 597년경 (에스겔 및 약 만명의 포로)

유다에 바벨론 침공 3차 : B.C. 586년경 (포로 약 5만명)

－총계 6만명 : 약 345년간 지속

⑪ 바벨론에서 포로 귀환 1차 : B.C. 536년경(고레스 왕 때 스룹바벨을 위시 4만 2천명 귀환)

⑫ 바벨론에서 포로 귀환 2차 : B.C. 458년경(아닥사스다 왕 때 에스라를 위시 천팔백명 귀환)

⑬ 바벨론에서 포로 귀환 3차 : B.C. 445년경(아닥사스다 왕 때 느

헤미야를 위시 약간명)

—총 5만명 귀환

⑭ 예루살렘 성전 : 제1성전(솔로몬 성전)—B.C. 966년에서 B.C. 586년 파괴(약 380년 존속)

제2성전(스룹바벨 성전)—B.C.516년에서 B.C.18년 파괴(약 498년 존속)

제3성전(헤롯 성전)—B.C.16년에서 A.D. 70년 파괴(약 86년 존속)

감탄하며 날아 다니는 정 집사, 잠자리여! 영원하리라

큰 늪 속에 수많은 잠자리 유충들(물강아지)이 살고 있었다.

하루는 선배 할아버지 유충이 많은 유충들에게 말하기를 "아마도 우리가 살고 있는 이 늪과는 다른 세계가 있는 모양이다." "다른 세계가 뭐 있을라구요?" "아니야 난 어제 체험했어. 여기 종종 놀러 오는 개구리가 있잖니. 개구리가 우리와 같이 있다가 없어지고 해서 뒤따라가니 물밖으로 나가더라고." 유충들이 그 말을 듣고 보니 개구리가 보이지 않았다. 갑자기 첨벙하더니 개구리가 또 들어 왔다. 유충들이 일제히 달려들어 물었다. "이 늪 밖에 다른 세계가 또 있어요?" "그럼 땅이라는 곳이 있는데 거긴 풀고 꽃과 나무가 있고 하늘에는 큰 공간인데 시원한 바람과 구름들이 두둥실 떠있지." "무슨 말하는 거야. 거짓말이지. 뭐 그런 세계가 있을라구." "거기 태양이 있는데 나는 눈이 부서서 볼 수가 없어" "거짓말이지?" "아니야 너희 어른들도 다 죽어 없어진게 아니라 몸의 형체가 바뀐거야. 날개라는 것이 돋혀서 날아 다니지. 저 하늘 높이 그리고 이름도 잠자리도 바뀌는 거야" 그리고 개구리는 사라져 버리고 말았다.

그리고 몇 일 지나니 할아버지 유충이 "난 어찌 몸이 이상해. 그리고 누군가 멀리서 날 부르는 것 같아. 너희들과 이별할 것 같아." "할아버지 유충은 갈대 줄기를 타고 오르더니 그만 안보이게 되었다. 늪 속에서는 울고불고 난리가 났다. 그런데 자꾸 나이 먹은 순서대로 안 보이기 시작하니 늪 속에서는 매일같이 초상이 났다.

할아버지 유충은 허물을 벗고 잠자리가 되었다. 거기에는 많은 잠자리가 있어서 자기를 환영해 주었다. 개구리가 말해 준 세계가 있었다. 날개를 한 번 퍼덕여 보았더니 10m 또 20m는 눈 깜짝 할 사이에 갈 수 있었다. 눈 아래 내려다보이는 세계는 감탄 아니고 표현할 수가 없고 그저 입이 벌어져서 다물어지지가 않는다. 초록빛 초원, 밝은 태양의 세계, 온갖 식물과 자연으로 가득 찬 경이로운 세계, 싱그러운 바람, 한 없이 날고 또 날았다. 오후가 되니 석양에 해가 기울어지기 시작할 때 그 장엄과 경이로움은 황홀한 경탄 어마어마하고 놀라운 세계요 천국이었다.

잠자리는 갑자기 늪 속의 유충들이 불쌍하게 생각되었다. 늪 안이 유일한 세계가 아닌데 유충의 생애만이 삶의 전부가 아닌데 저렇게 악착같이 아웅다웅할까?

수능고사 걱정, 직장, 사업, 건강 걱정, 대선정국의 어수선도 없고 입시 지옥, 교통 지옥 없는 곳에서 감탄하며 찬송하여 힘있게 날아다니는 정 잠자리여! 그대는 얼마나 행복하신지요. 여기 뒤따라 갈 유충들이 이제는 다 털고서 우리도 감탄하며 날아다닐 날을 소망하노라. "꿈속에서라도 종종 나타나 자세히 알려 주십시오. 그 하늘나라 소식을"

1997년 9월 15일

"정용필 집사님 소천에 붙힙니다"

에필로그

금년이 루터의 종교개혁 500주년이라 여기에 맞추어서 몇 년 전부터 자료를 준비해본다고 애를 써 보았지만 너무 초라하고 미생같습니다. 종교 개혁 행사는 많으나 지나고 나면 알맹이가 없다는 말을 들을 것 같아서 여기 작은 알맹이지만 두고두고 개혁에 동참할 수 있는 결과물들입니다.

여기에 지적된 것들을 즉시 고쳐 나간다면 루터나 칼빈의 운동에 직접 뛰어든 것이요 아직도 고치기가 미더운 자들은 이 운동에서 거리 둘 자 입니다만 읽으시게 하신 하나님의 뜻이 있으니 반드시 동참되리라 믿습니다.

이제 우리는 소망을 저 하늘에 두어야 합니다. 이 세상 것은 모두모두 내려 놓읍시다. 성경만 붙들고 주님이 가신 길, 바울, 세례 요한, 칼빈이 가신 그 길로 저 하늘만 바라보고 가는 길만이 영생의 길입니다.

원고 정리에 늘 옆에서 도와주신 유동완 목사님께 심심한 감사의 인사를 드리며 우리 주님이 신령한 것으로 갚아 주시리라고 믿습니다. 책 편집과 출판에 수고하신 영문출판사 김수관 장로님께도 감사의 말씀을 빼놓을 수가 없으며, 특별히 개혁 운동에 늘 동참해주신 다니엘 학회 지도 교수님들과 회원 목사님들께도 감사의 인사드립니다. 다음에는 더 좋은 선물로 다가갈 것을 약속드리면서 에필로그를 대합니다. 감사합니다.

그간 출판된 책들

(이병삼 목사 저서)

一. 성경 난해 구절 해설 시리즈

① 모세오경 (그림자를 따라가보니) (창 → 신) 2001.12. 351P

② 역사서상 (하나님의 발자국을 보노라면) (수 → 삼하) 2005.7. 488P

③ 역사서하 (하나님의 발자국을 보노라면) (왕상 → 대하) 2005.12. 484P

④ 시가서 (하나님을 노래한 예술작품을 보니) (욥 → 잠) 2007.7. 523P

⑤ 성문서 (하나님을 그린 예술작품을 보니) (스 → 렘애) 2007. 11. 568P

⑥ 예언서상 (하나님이 알려주신 것을 열어보니) (사 → 렘) 2006. 6.

482P

⑦ 예언서하 (하나님이 알려주신 것을 열어보니) (겔 → 말) 2006. 12. 544P

⑧ 사복음서 (네 제자가 그린 예수님의 초상화) (마 → 요) 2002. 11. 460P

⑨ 바울서신 상 (바울이 그린 예수님의 초상화) (롬 → 고전) 2003. 7. 362P

⑩ 바울서신 하 (바울이 그린 예수님의 초상화) (고후 → 딤) 2003. 12. 388P

⑪ 공동서신 상 (여러 제자가 그린 예수님의 초상화) (행 → 히) 2004. 7. 459P

⑫ 공동서신 하 (여러 제자가 그린 예수님의 초상화) (약 → 계) 2004. 12. 498P

二. 개혁시리즈 (교회편)

① 한국 교회는 개혁되어야 다시 산다 2002. 8 247P

② 인생의 팔부능선 위에서 내려다본 한국 교회 2017. 3

三. 신학 교재

① 성령론 2008. 259P

四. 목사의 P.D 수첩

① 신약편 : 목회자들의 대화록 2008.10. 453P

五. 계절 설교집

① 12월 ~ 3월 "내 평생 소원 이것뿐" 2009. 4. 300P

② 4월 ~ 7월 "주 안에 있는 나에게" 2009.8. 319P

③ 8월 ~ 11월 "나 같은 죄인 살리신" 2009. 12. 327P

④ 제 2탄 1권 "아 하나님의 은혜로" 2010. 11. 364P

六. 회고록

① 나의 갈 길 다가도록 (교회 회고록) 2016. 6. 294P

② 인생의 팔부능선위에서 내려다본 한국교회 (산수 회고록) 2017. 3

이병삼 목사 팔순 회고록 겸 개혁신앙교서

인생의 팔부능선 위에서 내려다 본 **한국교회**

■

초판 1쇄 인쇄 / 2017년 6월 10일
초판 1쇄 발행 / 2017년 6월 15일

■

지은이 / 이 병 삼
펴낸이 / 김 수 관
펴낸곳 / 도서출판 영문
122-070 서울시 은평구 역촌동 10-82
☏ (02) 357-8585
FAX • (02) 382-4411
E-mail • kskym49@daum.net

■

출판등록번호 / 제 03-01016호
출판등록일 / 1997. 7. 24

정가 12,000원
ISBN 978-89-8487-333-9
Printed in Korea